Erich Römpler

Darstellung d. Persönlichkeit in den Geschichtswerken d. Thukydides und Xenophon

Erich Römpler

Darstellung d. Persönlichkeit in den Geschichtswerken d. Thukydides und Xenophon

ISBN/EAN: 9783743646513

Hergestellt in Europa, USA, Kanada, Australien, Japan

Cover: Foto ©Thomas Meinert / pixelio.de

Weitere Bücher finden Sie auf **www.hansebooks.com**

Studie über die Darstellung der Persönlichkeit in den Geschichtswerken des Thukydides und Xenophon.

Inaugural-Dissertation

zur

Erlangung der Doktorwürde

der

hohen philosophischen Fakultät

der

kgl. bayr. Friedrich-Alexanders-Universität Erlangen

vorgelegt

von

Erich Römpler
aus Plauen i. V.

Tag der mündlichen Prüfung: 17. Nov. 1898.

Erlangen 1898.
Druck der Universitäts-Buchdruckerei von E. Th. Jacob.

Meinem Vater!

Die Geschichtsschreibung hat es nicht mit Naturereignissen zu thun, sondern mit Handlungen und mit jenen nur, soweit diese von ihnen beeinflusst werden. „Und da die in der Geschichte wirkenden Kräfte nie tote Kräfte, sondern stets lebendig persönliche — sei es gesamt-, sei es individualpsychischer Art — sind, so liegt in der Bewertung dieser Kräfte zugleich eine Bewertung menschlichen Thuns" [1]). Daher ist „schon in der antiken Geschichtsschreibung das persönliche Element stark vertreten" [2]); daher kommt die ausserordentliche Wertschätzung genialer Persönlichkeiten bei Ranke [3]); daher die Wichtigkeit biographischer Forschung überhaupt; und daher ist auch die Charakterschilderung eine Hauptaufgabe der Geschichtsschreibung zu aller Zeit [4]).

Gerade bei der Schilderung kritischer Zeiten, in denen sich die sozialen oder die politischen Verhältnisse so zugespitzt haben, dass ein Kampf unvermeidlich bleibt, wird es für den Schriftsteller eine der schwersten, aber auch der vornehmsten Aufgaben sein festzustellen, inwieweit einzelne geniale Männer am Wohl und Wehe des Staates beteiligt gewesen sind.

Eine derartige kritische Zeit war es, als in Athen Perikles an die Spitze des Staates trat; und es ist als ein wahres Glück zu bezeichnen, dass gerade zu der Zeit, als Perikles auf der Höhe seiner Macht stand, ein Mann wie Thukydides die Ereignisse mit seinen Aufzeichnungen begleitete.

1) H. Barge: Entwicklung der geschichtswissenschaftlichen Anschauungen in Deutschland S. 36.
2) C. Wachsmuth: Einleitung in das Studium der alten Geschichte S. 208.
3) Barge: a. a. O. S. 12.
4) Barge: a. a. O. S. 29.

Man kann es kaum ausdenken, was wir besitzen würden, wenn Thukydides sein Werk hätte vollenden können. Denn gerade mit dem Jahre 411 gelingt es der ununterbrochenen Wühlarbeit der geheimen plutokratisch-oligarchischen Klasse die entmutigte Demokratie zu stürzen und eine Verfassung an die Stelle derselben zu setzen, die alles politische Recht auf die Minorität beschränkt.

Schon das hat Thukydides nicht mehr vollständig besprochen; aber was dann folgt: die demokratische Gegenaktion, die Wiederherstellung der Demokratie, das Emporkommen des Alkibiades, sein Sturz, die letzte Anspannung aller Kräfte, der Sieg bei den Arginusen, der Feldherrnprozess, das Auftreten des Lysander und der Fall der Stadt, die Vernichtung der Demokratie und die Herrschaft der dreissig Tyrannen, alles das hat Thukydides uns nicht mehr vorzuführen vermocht. Er starb.

Wir müssen uns also für die letzte Epoche dieser grossen Zeit mit der Darstellung eines anderen Schriftstellers begnügen.

Xenophon hat die Thukydideische Arbeit an dem Punkte, an welchem dieser abbrechen musste, aufgenommen und weitergeführt; und es liegt die Frage nahe, ob diese Fortsetzung durch Xenophon der Arbeit seines Vorgängers gleichwertig ist, insbesondere, ob Xenophon die historischen Persönlichkeiten in derselben Weise darstellt wie Thukydides, und ob er vielleicht gar von diesem dabei abhängig gewesen ist.

Das Letztere behauptet Ivo Bruns und zwar in den beiden Schriften: „Das literarische Porträt der Griechen im fünften und vierten Jahrhundert vor Christi Geburt" und „die Persönlichkeit in der Geschichtsschreibung der Alten." (Im Nachfolgenden mit A. und mit B. bezeichnet.)

Die Behauptung, dass Xenophon von Thukydides abhängig gewesen sei, gründet sich darauf, dass beide Schriftsteller bei der Darstellung von Individuen gewisse Aehnlichkeiten aufweisen. Aber das wird doch immer so sein, dass verschiedene Schriftsteller verschiedener Zeiten in der oder jener Beziehung einerseits sich gleichen, und dass jeder

Schriftsteller andererseits auch wieder seine Eigenheiten hat. Und gewiss ist es ebensowenig ganz ohne Bedenken sie nun deshalb für abhängig von einander, den einen für einen Nachahmer des anderen anzusehen, wie es falsch sein würde, deshalb, weil jeder von ihnen seine stark hervortretenden Eigenheiten hat, behaupten zu wollen, jeder habe selbstständig, mit vollem Bewusstsein nach vollständig anderen Prinzipien gearbeitet, jeder sich, bevor er an die Arbeit ging, seine eigenen Stilgesetze gemacht.

Ein solches berechnetes Arbeiten setzt Bruns für Thukydides voraus, indem er als bewusst vom Schriftsteller befolgte Gesetze zwei Grundsätze (Stilgesetze) aufstellt[1].

„Thukydides vermeidet es in eigener Person die handelnden Personen zu beurteilen; selbstständige, von der Erzählung abgelöste Bilder einzelner Charaktere sind damit grundsätzlich von ihm ausgeschlossen" und „das Privatleben und damit der persönliche Charakter der Handelnden kommt für Thukydides nicht in Betracht, wenn beides nicht auf den Gang der öffentlichen Ereignisse Einfluss ausübt."

Dass Bruns den Thukydides zum Urheber dieser Gesetze macht, hängt damit zusammen, dass er ihm die Entdeckung einer neuen Methode für die Darstellung des Individuums zuschreibt[2]. Bruns nennt diese Darstellungsart „die indirekte" und stellt ihre Anhänger in einen bewussten Gegensatz zu den „Subjektivisten", welche nach ihm die andere Gruppe umfassen, in welche sich „die Geschichtsschreiber der Alten mit Bezug auf die Art, wie sie das Individuum behandeln, trennen lassen"[3].

Von den Subjektivisten behauptet Bruns, dass nur sie ein in der Wissenschaft unmittelbar verwendbares Material bieten[4], dass nur sie beim Austeilen der guten und schlechten Prädikate absolut unparteiisch verfahren und dabei der Variabilität der menschlichen Natur gerecht werden könnten[5]; dagegen sei bei der indirekten Darstellungsart Umformung des überlieferten Stoffes geboten[6], ja nicht nur eine starke

---

1) A. S. 8 u. 9. 2) B. V. 3) B. V. 4) B. VI. 5) B. 95.
6) B. V. VI.

Verführung, sondern bis zu einem gewissen Grade schlechterdings ein Zwang zur Trübung des überkommenen Stoffes notwendig[1]), und um dieser gewaltsamen Kombination willen könne der wissenschaftlichen Exaktheit von den Vertretern der indirekten Methode nicht genügt werden[2]).

Zunächst will es nicht ganz unbedenklich erscheinen, wenn die Subjektivisten und die Vertreter der indirekten Methode einander gegenübergestellt werden, da es sich bei beiden nicht um gleichartige Wesensmerkmale handelt; denn hier handelt es sich um die Mittel, deren sich der Schriftsteller bei der Darstellung bedient, und dort kommt die Quelle in Betracht, aus welcher die besondere Art der Darstellung geschichtlicher Personen abzuleiten ist.

Und mit Rücksicht hierauf wird gewöhnlich von subjektiver und objektiver Charakteristik geredet. Bei letzterer erhalten wir den Charakter selbst, bei ersterer nur dessen persönliche Auffassung seitens der Darsteller, die nur sich selber, nicht aber dem Leser Rechnung tragen[3]). Bruns nennt das objektivierte Würdigung[4]), objektivierte Form[5]), objektivierende Darstellung[6]) und setzt diese scheinbare Objektivität[7]) als indirekte Methode in grundsätzlichen Gegensatz zu der „ruhigen Objektivität", in welcher die Wirklichkeit nur abgeschrieben scheine[8]); und diese bezeichnet er als Eigenart der direkten Methode (Subjektivisten), der die historische Persönlichkeit in der That reines Objekt voraussetzungsloser Forschung sei[9]), bei welcher sich das Resultat der Forschung mit dem Vortrag der Thatsachen decke[10]).

Das Resultat der Forschung, die Thatsachen selber, sowie die Frage nach der historischen Wahrheit kümmern uns hier jedoch weniger; wichtiger ist für uns der Vortrag der Thatsachen und damit die Frage, worauf sich denn die von Bruns aufgestellten Thukydideischen Stilgesetze beziehen, ob sie mehr dem Schriftsteller als solchen, so zu sagen als Sprachkünstler, betreffen, wie man bei dem Aus-

---

1) B. 63. 2) B. 100. 3) B. 94. 4) B. 56. 5) D. 61. 6) B. 91.
7) B. 22. 8) B. 46. 9) B. 89. 10) B. 8.

druck Stilgesetze zunächst meinen sollte, oder mehr den Geschichtsschreiber. Und da meint Verfasser denn doch, er habe sich bei seiner
„Studie über die Darstellung der Persönlichkeit in den Geschichtswerken des Thukydides und Xenophon"
weniger mit den sprachlichen Mitteln zu beschäftigen, in denen sich Thukydides und Xenophon bei ihren Charakterschilderungen berühren oder unterscheiden, als vielmehr mit denjenigen Mitteln der Darstellung, die er zusammenfassen möchte unter den beiden Oberbegriffen:

1) Urteile über den Charakter des Darzustellenden, und zwar Urteile des Schriftstellers selbst und Urteile anderer (Zeitgenossen, Nachlebende),

2) Worte und Thaten der zu schildernden Personen und zwar im öffentlichen Leben, im Privatleben.

Beide Arten kommen aber nicht ihrem Inhalte nach (aus materiellen Gründen), sondern nur als Darstellungsmittel (aus formalen Gründen) in Betracht.

1. Thukydides:

Wenn man die Frage aufwirft, wie, d. h. auf welche Art und mit welchen Mitteln Thukydides die in seinem Werke vorkommenden Persönlichkeiten dargestellt hat, so ist damit notwendig sogleich auch die Frage verbunden, welchen Zweck der Schriftsteller mit diesen Charakterschilderungen verfolgte; denn nur aus dem Zweck kann sich die eigenartige Form der Darstellung erklären.

Da lässt sich nun mit einiger Sicherheit feststellen, dass alle Bemerkungen über einzelne Persönlichkeiten bei Thukydides durchaus nicht Selbstzweck, sondern im Dienste der Geschichtsschreibung überhaupt gemacht sind.

Thukydides hatte durchaus nicht die Absicht über die einzelnen historisch wichtigen Personen eingehenden Aufschluss zu geben; sondern er wollte im wesentlichen nichts anderes als eine Darstellung der äusseren Geschichte geben; oder wie Müller-Strübing[1]) sagt: „Thukydides hat es überall

---

1) Hermann Müller-Strübing: Thukydideische Forschungen S. 5.

nur mit politischen Verhältnissen zu thun, mit Individuen nur in ihren Beziehungen zum Staat." Nach Wachsmuth[1]) stehen bei Thukydides „im Vordergrunde die Staaten selbst, oder sagen wir lieber die Anschauungen und Grundsätze, welche die Gesamtheit der Bürger oder wenigstens die massgebenden Parteien bestimmen, erst in zweiter Linie wird auch die Eigenart der einzelnen leitenden Persönlichkeiten berücksichtigt und was in ihrer Seele vorgeht, berichtet." Und Seliger[2]) kommt zu dem Schlusse, dass für Thukydides „die geschichtliche Entwicklung nicht durch das Eingreifen der Einzelnen bedingt sei, sondern auf den Evolutionen der Masse, ihren Verschiebungen, ihren Konflikten und notwendigen Ausgleichungen beruhe."

Bei seiner Geschichtsschreibung hat es sich Thukydides bewusst zum Grundsatz gemacht, jederzeit die „eigentliche Wahrheit" zu berichten und ein Werk zu schaffen, das Anspruch darauf erheben darf „die erzählten Begebenheiten zuverlässig übermittelt zu haben"[3]). Dieses Bestreben, allenthalben wahr zu sein und nicht nach der eigenen Meinung zu schreiben, ist sicherlich bei Thukydides nicht zu verkennen. Und „gerade auf dem Gebiete der Schilderung von Persönlichkeiten hütet sich Thukydides wohl seinem Leser sein eigenes Urtheil über einen Charakter „aufzudrängen" und schildert ihn dafür gern im Lichte des Urteils der Zeitgenossen"[4]); oder er „hält es für schicklich die eigene Persönlichkeit möglichst zurücktreten und gleichsam die Thatsachen selbst sprechen zu lassen"[5]).

Aber auch Thukydides hat an verschiedenen Stellen der menschlichen Schwäche nachgeben müssen; und „er nimmt durchaus nicht einen so erhabenen von Voreinge-

---

[1] a. a. O. S. 521.
[2] Paul Seliger: Die Kunst der Charakteristik in der griechischen Literatur der klassischen Zeit. Beilage z. allgem. Zeitung. 1897. Nr. 214.
[3] Thukyd. I. 22, 2 u. 3.
[4] Fr. Spiro: Ivo Bruns. Das literarische Porträt u. s. w. Deutsche Literaturzeitung 1897. Nr. 44.
[5] Wachsmuth: a. a. O. S. 523.

nommenheit und subjektiven Empfindungen freien Standpunkt über den Dingen ein, wie die „Thukydidestheologen" seinerzeit voraussetzten"[1]), und „dass Thukydides fehlbar war und Sympathien und Antipathieen besass, denen er auch in seinem Werk Ausdruck gab, ist nicht minder gewiss"[2]).

Nach Wachsmuth[3]) kann „das Urteil, das Thukydides über Handlungen und Personen andeutet oder ausspricht, natürlich so wenig wie das irgend eines Sterblichen, der über Ereignisse seiner Zeit schreibt, Anspruch auf Infallibilität machen."

Eine Art historischer Darstellung, die jegliche Trübung der Wahrheit oder jede Teilnahme des Geschichtsschreibers am Gegenstand der Darstellung ausschliesst, giebt es nun einmal nicht; und es „wäre wohl ein Ideal von Geschichtsschreibung, das in vollkommener Objektivität bestände — Thatsachen erzählt, Persönlichkeiten geschildert, Motive entwickelt —, ohne dass Gunst oder Abgunst politische und religiöse Parteistellung oder sonstige Eigentümlichkeiten des darstellenden Individuums auf ihre Darstellung einwirkten; aber zu realisieren ist es unmöglich"[4]).

Gerade von einem „Künstler", wie Thukydides es war, kann man eine solche „Gleichgültigkeit" gegenüber dem Gegenstand seiner Darstellung gewiss nicht erwarten. Thukydides vermag es nicht, auf eigene Kombination zu verzichten. Und „kann es denn überhaupt bei einem Versuche die Vorgänge nicht bloss äusserlich zu berichten, sondern in ihrem inneren Zusammenhang darzulegen, anders sein"[5])? Wie es Thukydides gegenüber den Ereignissen unmöglich war, sein eigenes Urteil in der Darstellung nicht sichtbar werden zu lassen, ebensowenig konnte er das den einzelnen

---

1) R. Pöhlmann: Grundriss der griechischen Geschichte S. 114 f.
2) A. Bauer: Jahresbericht der griechischen Geschichte und Chronologie in den Jahresberichten über die Fortschritte der klassischen Altertumswissenschaft. 54. Band. 1888. S. 29.
3) a. a. O. S. 528.
4) A. Baumeister: Handbuch der Erziehungs- und Unterrichtslehre: O. Jäger. Geschichte S. 6.
5) Wachsmuth: a. a. O. S. 523.

ausschlaggebenden Personen gegenüber thun. Daher giebt diese scheinbar objektive Erzählung des Thukydides nicht minder, wie in der Motivirung der einzelnen Geschehnisse und Handlungen, so in der ganzen Art der Darstellung die persönlichen Auffassungen und Urteile des Historikers wieder"[1]).

Hätte Thukydides einfach nur die Urteile und einseitigen Meinungen irgend welcher Personen, z. B. des hauptstädtischen Pöbels oder der Soldaten im Feldlager über den Charakter seiner Staatsmänner und Feldherren angenommen und mitgeteilt, ohne sie auf ihre Wahrheit hin zu prüfen und mit der Ansicht zu vergleichen, die er selber als Zeitgenosse über die betreffenden Charaktere gewonnen hatte, während er seine eigene Meinung sorgfältig, ja ängstlich verschwiegen hätte, so würden wir durchaus nicht so einheitliche und innerlich abgeschlossene Bilder erhalten haben, wie die Thukydideischen Charakterschilderungen wirklich sind. Und es widerspräche eine derartige Auffassung auch dem überall sichtbaren Bestreben des Schriftstellers seine Quellen auf alle Fehler hin sorgfältig zu untersuchen.

Obgleich wir diese innerliche Abgeschlossenheit der einzelnen Charakterbilder feststellen können, ist es doch zutreffend, wenn Bruns[2]) sagt: „dass selbstständige, von der Erzählung abgelöste Bilder einzelner Charaktere, von der Darstellung des Thukydides ausgeschlossen sind." Dieses Fehlen hat seinen Grund in dem schon erwähnten Zweck der Gesamtdarstellung, die nichts anderes sein will als Geschichte der Ereignisse, nicht Geschichte der Individuen. Und wir müssen deshalb dieses Fehlen von „Biographien," die für einen fliessenden Fortgang der Erzählung einfach störend gewesen sein würden, nicht als Folge eines von Thukydides „grundsätzlich" aufgestellten „Stilgesetzes," sondern als einfache Thatsache ansehen, aus deren Vorhandensein sich ein solches Stilgesetz erst nachträglich konstruieren lässt. Demgemäss sind solche Stilgesetze Erscheinungen von sekundärer, nicht primärer Bedeutung.

---

1) Wachsmuth: a. a. O. S. 523. 2) A. S. 8.

Für die Behandlung des Individuums durch Thukydides hat Bruns als erstes vom Schriftsteller bewusst befolgtes Gesetz den Grundsatz aufgestellt [1]): „Thukydides vermeidet es, in eigener Person die handelnden Personen zu beurteilen."

Mit Aufstellung dieses Gesetzes hat Bruns den Thukydides in die Reihe der Schriftsteller eintreten lassen, die er im Gegensatz zu den „Subjektivisten" die „indirekten" nennt; ja er bezeichnet Thukydides sogar als „Schöpfer dieser indirekten oder künstlerischen Darstellungsart" [2]). Damit hat Bruns allerdings nicht ausgesprochen, dass der Schriftsteller jeder „subjektiven Ansicht" bar sei.

Wohl aber bezeichnet es Bruns gleichsam als formales Charakteristikum der Art des Thukydides, dass er bemüht gewesen sei, sein persönliches Urteil zu verschweigen.

Jedoch offenbart sich das Hervortreten des eigenen Urteils schon darin, dass Thukydides, um dem Leser von seinen Helden ein möglichst deutliches Bild zu geben, sie überall redend einführt, trotz der zugestandenen Unmöglichkeit den Wortlaut dieser Reden getreu wiedergeben zu können [3]). Wenn dem so ist, d. h. wenn diese Reden zum Teil freie Erfindung des Thukydides sind, so ist entweder das Bild, das wir aus diesen Reden von der betreffenden Person erhalten, ein vom Schriftsteller absichtlich unrichtig dargestelltes, oder die frei erfundenen Reden bringen eben das eigene Urteil des Geschichtsschreibers über die redende Person zum Ausdruck.

Thukydides bewusste Fälschung vorzuwerfen sind wir aber um so weniger berechtigt, „als er selber [4]) die Zuverlässigkeit seiner Angaben, ihre Beglaubigung durch Augenzeugen u. s. w., seine eigene methodische, auf möglichst objektive Erkenntnis des wirklichen geschichtlichen Verlaufs gerichtete Forschung so entschieden betont und seine Befähigung dazu so glänzend dokumentiert" [5]). Muss also bewusste Fälschung überhaupt ausgeschlossen sein, so bleibt für uns nichts übrig als anzunehmen, dass in den Reden

---

1) A. S. S. 2) B. V. 3) Thukyd. I. 22. 1. 4) Thukyd. I. 22.
5) Pöhlmann: a. a. O. S. 114.

das eigene Urteil des Thukydides (die Subjektivität) zu erkennen ist.

Und Bruns[1]) selbst betont das Eindringen von Subjektivität, welche sich darin offenbart, dass die „selbst im Wortlaut vorliegenden Reden in die eigene Form des Schriftstellers umgegossen wurden." Aber Bruns betrachtet das nicht als Offenbarung des eigenen Urteils, sondern nur als Folge des stilistischen Gefühls. Und nur so kann er die Reden überhaupt als ein Mittel des Thukydides bezeichnen, um „unter Vermeidung des eigenen Urteils" die Personen in „objektiver Weise" zu charakterisieren[2]).

Am auffallendsten ist das Hervortreten des persönlichen Urteils des Thukydides bei der Darstellung des Kleon.

Wohl beweist die Art und Weise, wie Kleon zum Unheil des Staates sich auf dem ihm fremden militärischen Gebiet bethätigt hat, dass er wirklich der Renommist war, als den ihn uns Thukydides darstellt. Und auch die Vorgänge bei Amphipolis zeigen in der That, dass er ein frivoler Spieler war, der sich auf den Zufall verliess, wo die höchsten Interessen des Staates in Betracht kamen.

Wir können also annehmen, dass das Charakterbild des Kleon bei Thukydides im allgemeinen nicht verzeichnet ist, und dass der Schriftsteller recht wohl hätte den Kleon völlig in Ruhe schildern können, wenn er sich eben nicht durch sein eigenes Urteil bei seiner Darstellung hätte mehr leiten lassen, als durch die geschichtliche Wahrheit.

Es sind im ganzen nur drei Stellen, an denen Thukydides über Kleons Charakter urteilt. Die beiden ersten schildern nur des Kleon gewaltthätigen Sinn und seinen mächtigen Einfluss aufs Volk, während die dritte „mit allem Anschein wahrhaftiger Feindseligkeit über ihn urteilt"[3]).

Thukydides sagt da[4]), dass „Kleon dem Frieden im Wege gestanden habe, weil er fürchtete, dass nach eingeretener Ruhe seine bösen Handlungen bekannt werden und

---

1) A. 24. 2) A. 25 f.
3) Max Büdinger: Kleon bei Thukydides. Sitzungsberichte der Wiener Akademie Phil. hist. Kl. 96 B. 1880. S. 367 ff.
4) Thukyd. V. 16.

seine Verleumdungen weniger Glauben finden würden." Selbst Bruns muss diese Worte als „direkte Kritik" anerkennen [1]). Ja, diese direkte Charakterisierung klingt geradezu gehässig und erinnert an Aristophanische Kritik [2]), der doch gewiss niemand den Charakter eines persönlichen Urteils gegenüber Kleon absprechen will. Dabei ist das Aristophanische πανοῦργος doch noch erheblich milder als κακοῦργος, wie Thukydides den Kleon zu nennen pflegt [3]).

Trotzdem sollen nach Bruns, obwohl er zugiebt, dass die Bemerkung ohne Deckung durch eine fremde Ansicht eingeflossen ist [4]), diese Worte nicht dem Kleon gelten, sondern seinem Nachfolger, dessen Erfolg durch sie erklärt werden soll [5]).

Es kann aber kaum ein Zweifel darüber bestehen, dass Thukydides, indem er sich derartig über Kleon ausspricht, nicht mehr bloss Schriftsteller, sondern auch Mensch ist, und es ist ja auch ganz natürlich, dass ein so ungeschlachter Politiker und Plebejer in Gesinnung und Meinung wie Kleon dem vornehm empfindenden, auf der Höhe geistiger Bildung stehenden Thukydides von vornherein in innerster Seele zuwider sein musste. Und es liegt weiter die Vermutung nahe, dass eine gewisse persönliche Verbitterung gegen den, der seine Verbannung durchgesetzt hatte, auch in der Seele des Geschichtsschreibers zurückgeblieben ist und seine Darstellung beeinflusst hat. Als Beweis des Gegenteils kann es auch nicht angesehen werden, wenn Thukydides einmal [6]) mit einer gewissen Befriedigung auf seine Verbannung zurückblickt. Es offenbart sich eben an jener Stelle [7]) die Stimmung des Exulanten und der mühsam zurückgedrängte Hass, der das persönliche Urteil des Schriftstellers nicht allein hervortreten, sondern sogar ungerecht werden lässt.

Den Beweiss dafür, dass dieses Urteil des Thukydides ein falsches und persönliches ist, wird man leicht finden, wenn man sich vergegenwärtigt, welchen Charakter der grosse Krieg damals angenommen hatte, und was in diesem

---

1) A. S. 11.   2) Ritter V. 802.   3) Thukyd. III. 45, 3.
4) A. S. 11.   5) A. S. 11.   6) Thukyd. V. 26, 5.
7) Thukyd. V. 16.

Augenblick das Richtige war: Frieden zu schliessen oder den Kampf fortzusetzen.

Ursprünglich war es ja ein Kampf gegen die Grossmacht Athen gewesen; bald aber gaben die furchtbaren Greuel des Krieges in Mitylene, in Korkyra und die Zerstörung von Plataa dem Krieg den Charakter eines Vernichtungskampfes. Und nicht allein das. In den einzelnen Städten selbst befehdeten sich die feindlichen Parteien nicht nur im inneren Kampf; sie verbanden sich sogar gegeneinander mit dem Feinde draussen, so dass der Krieg immer brutaler wurde. Ein solcher Kampf konnte aber nur mit der völligen Niederlage eines Teils beendet werden.

Daher müssen wir im Gegensatz zu Thukydides annehmen, dass Kleon sehr richtig handelte, wenn er es nicht zum Frieden kommen liess, der ja in diesem Augenblick für Athen nur ein fauler werden konnte. Es waren daher andere als nur persönliche Gründe, die Kleon veranlassten für Fortsetzung des Kampfes einzutreten. Und wenn Thukydides die gegenteilige Behauptung aufstellt, so kann das für uns nur dafür beweisend sein, dass er es eben nicht prinzipiell vermeidet, sein persönliches Urteil in den Vordergrund treten zu lassen.

Was wir sonst von Thukydides über Kleon erfahren, enthält alles, selbst nach Bruns „thatsächlich eine Beurteilung dieser Persönlichkeit"[1]).

Es handelt sich dabei um des Kleon Auftreten vor der Schlacht von Sphakteria und vor Amphipolis. An diesen Stellen tritt uns in der Darstellung ganz gewiss das eigene Urteil des Thukydides mit der „Schroffheit einer gegnerischen Ueberzeugung"[2]) entgegen.

Thukydides sagt[3]): „Der, welcher sie bestimmte, den spartanischen Friedensantrag abzulehnen, war Kleon, der in jener Zeit volksleitende Mann, der auf die Menge ungemein viel Einfluss hatte." Nach Bruns[4]) ist dies ein „kurzer charakteristischer Vermerk," aber kein Abweichen vom Prinzip, d. h. Thukydides habe auch hier sein persönliches Ur-

---

1) A. S. 10. 2) Büdinger: a. a. O. S. 399. 3) Thukyd. IV. 21.
4) A. 12.

teil nicht ausgesprochen. Demgemäss bezeichnet Bruns diese Worte auch nur als „Feststellung eines Thatbestandes." Allerdings ist in diesen Worten ein Thatbestand festgestellt; aber damit ist doch nicht die Abgabe eines persönlichen Urteils prinzipiell ausgeschlossen. Unmöglich ist es daher nicht, dass diese Aeusserung beides sein kann.

Bekanntlich war Kleon schon früher schuld daran gewesen, dass der Friede nicht geschlossen worden war[1]. Thukydides schildert nun bei den Verhandlungen des Jahres 425 von neuem[2], auf welche Weise Kleon die Athener zur Absendung einer Armee zu bewegen sucht. Diese Erzählung, wie leidenschaftlich Kleon vorgeht und mit welchen Mitteln er sein Ziel erreicht, dass er sich z. B. nicht scheut, den derzeitigen Führern den Mannesmut abzusprechen[3], oder sie sogar der Lüge zu beschuldigen[4], macht ohne Zweifel den Eindruck, als ob dem Schriftsteller selbst das Vorgehen des Kleon völlig missfallen habe. Und Thukydides ist gewiss im Recht, wenn er mit scharfem persönlichen Urteil das Versprechen des Kleon den Krieg in zwanzig Tagen beenden zu wollen, trotz des den „Haufen" blendenden Erfolges, geradezu „wahnsinnig"[5] nennt.

Und wenn es weiter heisst „es kam die Athener das Lachen an über die leichtsinnige Grosssprecherei des Kleon[6], und die verständigen Bürger hegten wenn sonst keine Erwartung, doch die wenigstens den Kleon los zu bekommen," so ist das freilich indirekt als Ansicht des athenischen Volkes vom Schriftsteller erzählt, aber schon die Wahl des Ausdruckes „$κουφολογία$" und die Gegenüberstellung dieses Wortes zu „$σώφρονες$" lässt die Meinung des Geschichtsschreibers deutlich genug hervortreten. Solche Aeusserungen kommen aber einem „kategorischen Spruche" gleich.

Die ganze Art wie Nikias, vom Volke unterstützt, den Kleon zwingt das Kommando zu übernehmen, findet natürlich Thukydides selber unwürdig. Und so lässt er sich über

---

1) Thukyd. IV. 21, 3.   2) Thukyd. IV. 27 f.
3) Thukyd. IV. 27, 5 $εἰ ἄνδρες εἶεν οἱ στρατηγοί$.
4) Thukyd. IV. 27, 3 $οὐ τἀληθῆ ἔφη λέγειν τοὺς ἐξαγγέλλοντας$.
5) Thukyd. IV. 39, 3 $μανιώδης$.   6) Thukyd. IV. 28, 5.

das souveräne Volk die höchst absprechende Aeusserung entschlüpfen: „οιον ὄχλος φιλεῖ ποιεῖν"[1]). Gerade diese Worte beweisen uns, dass auch Thukydides sich seines persönlichen Urteils gelegentlich nicht zu enthalten vermag.

An der dritten Stelle[2]) zeichnet uns Thukydides den Kleon als völlig unfähigen Feldherrn. Diese Wirkung geschieht nicht allein, wie Bruns[3]) behauptet, durch die Worte: „Da die Truppen über ihr Stillsitzen unwillig wurden und erwogen, mit welcher Unwissenheit und Schlaffheit sie von Kleon gegen einen so verständigen und mutigen Feind geführt werden sollten, so brach er (Kleon), da er von dem Gerede Kunde erhalten, widerwillig auf." Schon diese Worte können den Verfasser nicht zu dem Schlusse bestimmen, dass Thukydides sein Urteil nur durch die Truppen zu Worte kommen lasse. Denn die Wahl des Ausdruckes „er brach widerwillig auf" ist nichts anderes als persönliche Auffassung des Schriftstellers. Dass wir überhaupt das eigene Urteil des Thukydides vor uns haben, beweisen ja die nachfolgenden Worte, die geradezu höhnend sind. Kann es denn etwas anderes sein, als ein Ausdruck persönlichster Missachtung, wenn Thukydides von Kleon sagt: „Das Glück, das er bei Pylos gehabt hatte, hatte ihn glauben gemacht, dass er einsichtig sei (ἐπίστευσέ τι φρονεῖν)[4]).

Die ganze Darstellung zeigt uns, was der Schriftsteller von Kleon als Feldherrn hält. Ihm schreibt er den Erfolg von Sphakteria nicht zu, sondern nur zufälligen Glücksumständen.

Und kann es denn überhaupt einen grösseren Vorwurf für einen Feldherrn geben, und kann der Schriftsteller ein absprechenderes, persönlicheres Urteil fällen, als wenn er unumwunden erzählt, dass Kleon sich habe von seinen „widerwillig" mit ihm ausgezogenen und dabei schlecht disziplinierten[5]) Truppen „zwingen"[6]) lassen gegen seine bessere Ueberzeugung ins Feld zu rücken? Und auch der Ausdruck

---

1) Thukyd. IV. 28, 3.   2) Thukyd. V. 7.   3) A. S. 10.
4) Thukyd. V. 7, 3.   5) Thukyd. V. 7, 2.
6) Thukyd. V, 7, 1 (ἠναγκάσθη).

„mit welcher Unwissenheit und Schlaffheit sie geführt wurden" ist ein persönliches Urteil.

Auch bei der Erzählung vom Tode des Kleon kann man unmöglich hinwegleugnen, dass Thukydides sein eigenes Urteil direkt ausspricht, wenn er den Kleon der Heuchelei und Feigheit beschuldigt, indem er sagt[1]): „Er sei überhaupt von allem Anfang an nicht willens gewesen stand zu halten und deshalb sofort geflohen und einfach auf der Flucht niedergehauen worden." Und es ist weiter für des Thukydides Stellungnahme zu Kleon bezeichnend, dass er kein Wort des Bedauerns für den Gefallenen hat, während er die Bestattung des feindlichen Feldherrn Brasidas doch ausführlich erzählt.

Wichtig für die Darstellungsart ist auch die einzige grosse Rede des Kleon.

Bruns geht auf diese Rede nur in soweit ein, als er sagt[2]), dass er den Eindruck gewonnen habe, „Thukydides wolle uns seinen Redner durch die Art, wie er ihn sprechen lässt, näher bringen," und, „dass der starke kleonische Eindruck eben darauf beruhe, dass nicht kleonische Gedanken, sondern nur ihre Form von Thukydides stilisiert seien."

Damit ist aber doch das Eindringen eigenen Urteils des Schriftstellers in die Darstellung offen zugegeben.

Und es ist auch in der That so. Ob Thukydides die Rede selber gehört, wissen wir nicht. Sicherlich aber stellt er die Geistesart des Politikers Kleon so dar, wie er sie erkannt hat, und lässt ihn reden, wie er es ihm zutraut.

Thukydides leitet die Rede mit der „trockenen Bemerkung"[3]) ein, dass Kleon auch das letzte Mal das Todesurteil durchgesetzt habe, überhaupt ein Mann von höchst ungestümem Wesen war und bei dem Volke ungemein viel Einfluss hatte. Wiederum haben wir hier nach Bruns nur kurze, über das Wesen des Mannes orientierende Worte[4]), oder, wie es an anderer Stelle heisst „kurze charakteristische Vermerke"[5]) vor uns, die jedoch kein Abweichen vom Prinzip bedeuten. Sehr richtig bemerkt Bruns dazu[6]), dass

---
1) Thukyd. V. 10, 9.   2) A. 25.   3) Thukyd. III. 36, 6.
4) B. 44.   5) A. 12.   6) B. 44.

solche Bemerkungen da am Platze seien, wo die „indirekte Charakteristik" sich nicht entfalten könne. Aber der von Bruns gezogene Schluss, dass diese Worte doch kein Abweichen vom Prinzip, d. h. von der prinzipiellen Vermeidung persönlichen Urteils seien, dürfte wohl etwas anzuzweifeln sein.

Die Rede selbst enthält sachlich nichts als eine neuerliche Begründung jenes alten Antrages[1]); aber man kann sich des Eindrucks nicht erwehren, dass an einzelnen Stellen nicht Kleon, sondern Thukydides selber spricht.

Auffallend muss es, wenn nicht unwahrscheinlich erscheinen, dass Kleon in einer Rede, in der es sich um einen so wichtigen Gegenstand handelt, bei all seiner angeborenen Derbheit sich dazu hinreissen lässt dem versammelten Volk ins Gesicht zu sagen, sie alle seien Marionetten dessen, der sie am besten mit schönen Worten zu beschwatzen verstehe[2]), und wenn er den Bürgern damit jedes selbstständige politische Urteil abspricht. Kein Feind konnte erbarmungsloser die Stütze der Demokratie, das souveräne Volk, darstellen. Selbst wenn Kleon wirklich derartig gedacht hat, so wäre es auszusprechen doch mindestens politisch unklug gewesen. Wenn ausserdem jeder Volksredner so heftig hätte auftreten können, würde kein Grund für Thukydides vorhanden sein, es als besondere Ausnahme besonders hervorzuheben[3]), dass Perikles zuweilen heftig gegen das Volk hätte sprechen dürfen, ohne dass man es ihm übel nahm.

Sonst erfahren wir allerdings aus dieser Rede nur Andeutungen der eigenen Meinung des Schriftstellers. Vor allem können wir nicht feststellen, wie sich Thukydides zu der Verurteilung der Mitylenäer selbst stellt. Höchstens aus der Bemerkung[4]), dass er die Aufgabe der nach Mitylene gesendeten Mannschaft eine widerwärtige ($\dot{α}λλόκοτον$) nennt, können wir vermuten, dass er auch sachlich ein Gegner Kleons war.

Kleon ist jedoch nicht der Einzige, bei dem sich Thu-

---

1) Thukyd. III. 36, 2. 2) Thukyd. III. 38, 4. 3) Thukyd. II. 65.
4) Thukyd. III. 49, 4.

kydides seines persönlichen Urteils zur Charakterisierung bedient.

An drei Stellen enthält die Thukydideische Darstellung ein Urteil über Themistokles. In der Rede[1]), welche der Schriftsteller die Athener bei ihren Verhandlungen mit Sparta halten lässt, wird Themistokles als ein Feldherr von ausnehmender Klugheit und Dienstwilligkeit, sowie als Retter des Staates bezeichnet.

Hier urteilt Thukydides allerdings nicht in Person. Wie sehr aber dieses den Athenern in den Mund gelegte Urteil dem seinen entspricht, ersehen wir daraus, dass er dieselben Eigenschaften an anderer Stelle[2]) besonders hervorhebt und zwar so persönlich wie möglich. Er sagt: „Themistokles war der erste, der den kühnen Gedanken fasste, man müsse sich der See zu bemächtigen suchen"; dann fährt Thukydides fort: „Nach meinem Bedünken richtete er sein Augenmerk auf die Flotte, weil er wohl einsah, dass die Perser zur See leichter etwas unternehmen würden als zu Lande." Diese Massregeln sind auch in des Thukydides Augen die richtigen; denn er fügt hinzu: „So geschah es, dass die Athener ihre Stadt wieder befestigten und in gute Bereitschaft brachten." Damit haben wir aber ganz gewiss nur eigenes Urteil des Thukydides vor uns; denn in Athen selber war man im allgemeinen durchaus nicht völlig einverstanden mit den Massnahmen des Themistokles; vielmehr sträubte sich Aristides und die agrarische Partei ganz energisch gegen ihre Durchführung.

Den ausschlaggebenden Beweis dafür, dass Thukydides direkt charakterisiert, dürfte, wenigstens was Themistokles betrifft, eine andere Stelle[3]) liefern. Auch Bruns[4]), der es zwar als „falsch" bezeichnet, dieses Kapitel als eine Abweichung von den sonst befolgten Gesetzen anzusehen, giebt selber zu, dass Thukydides „frei- und rückhaltlos" sich über Themistokles geäussert habe, und dass die Charakteristik des Themistokles bei Thukydides die einzige sei, bei welcher „des Thukydides subjektives Urteil unmittelbar zum Aus-

---

1) Thukyd. I. 74.   2) Thukyd. I. 93.   3) Thukyd. I. 138.
4) A. S. 23.

druck gekommen ist"¹). Die Frage aber, ob dabei trotzdem die „Stilgesetze" befolgt sind, lässt sich nicht einfach dadurch lösen, dass man dieses persönliche Urteil als „Erläuterung einer Thatsache"²) ansieht; denn auf den Zweck des Urteils kommt es doch nicht an, wenn es nur überhaupt vorhanden ist. Ausserdem kann gar kein Zweifel herrschen, dass die an dieser Stelle gethanen Aeusserungen das persönliche Urteil des Schriftstellers enthalten. Ein Zeichen vollster persönlicher Anerkennung ist es, wenn Thukydides den Themistokles der Bewunderung vor allen anderen empfiehlt³); und was er sonst über die geistige Begabung des Mannes sagt, ist der Ausdruck seines persönlichsten Urteils und giebt sich auch als solchen.

Nimmermehr lässt sich also mit diesen Aeusserungen des Thukydides beweisen, dass er sich prinzipiell jedes persönlichen Urteils enthalten habe.

Auch dazu dürfte ein zwingender Grund nur schwer zu finden sein, es als ein „Unrecht"⁴) zu bezeichnen, wenn man das Urteil des Thukydides⁵) „Nikias habe unter allen Griechen ein so schweres Schicksal nicht verdient, da er stets gesetzmässig handelte und seine Pflichten gegen die Gottheit jederzeit zu beobachten suchte" ein subjektives nennt; dies um so weniger, als gerade hier Thukydides seine Eigenschaft als Zeitgenosse⁶) besonders hervorhebt.

Und wenn Bruns diese Worte als „kurze Marke"⁷) bezeichnet, in der nicht das persönliche Urteil des Schriftstellers ausgesprochen sei, sondern nur der Eindruck festgestellt werde, den Nikias bei allen hinterlassen habe, ja soweit geht, diese Worte als mit dem „subjektiven Urteil" des Thukydides sich nicht deckend aufzufassen, so muss dem Verfasser widersprechen. Denn der Schriftsteller stellt uns ja auch sonst schon, z. B. in der grossen Rede des Nikias, den Sinn dieses Mannes in einer Weise dar, dass das oben-

---

1) A. 69.   2) A. 23.
3) Thukyd. I. 138, 3 μᾶλλον ἑτέρου ἄξιος θαυμάσαι.
4) A. S. 18.   5) Thukyd. VII. 86.
6) Thukyd. VII. 86, 5. τῶν γε ἐπ' ἐμοῦ Ἑλλήνων.   7) A. S. 18.

stehende Urteil dadurch nur bestätigt werden kann. Und wir können von Thukydides nicht erwarten, dass er wiederholt direkt gegen seine Ueberzeugung uns Handlungen des Nikias als bewundernswert erzählt; um so weniger als ja, nach Bruns[1]), die ausgesprochenen Ansichten über Nikias „nicht unrichtig" sind.

Auch darin tritt Thukydides ferner unmittelbar hervor, dass er sagt[2]): „Nikias glaubte an Wunderdinge und dergleichen", oder „er wusste kein Mittel mehr, wie er sich retten könne[3]) und es war ihm bange."

Dem Nikias ist vom Schriftsteller die Person des Alkibiades gegenübergestellt. Wir erfahren[4]), dass Alkibiades ein eifriger Gegner des Nikias war. Die dafür angegebenen Gründe sind teils persönliche Abneigung, teils politische Gegnerschaft. Als ausschlaggebenden Grund für alle Handlungen des Alkibiades giebt Thukydides jedoch den übermässigen Ehrgeiz an. Dann folgt eine genaue Schilderung dessen, was Alkibiades erstrebte; und Thukydides ist dabei subjektiv genug aus diesen seinen Angaben den wichtigen Schluss zu ziehen, dass diese Charaktereigenschaften des Alkibiades der Grund zum Sturze von Athen gewesen seien. Auch bei anderer Gelegenheit[5]) berichtet Thukydides, dass es der gekränkte Ehrgeiz des Alkibiades war, der ihn zum Widerspruche reizte. Er konnte es nicht ertragen, dass die Lakedämonier ältere gereifte Männer ihm vorzogen; und dieser Grund wird von Thukydides ausdrücklich neben der Ueberzeugung von der politischen Notwendigkeit eines Bruches mit Sparta als massgebend für des Alkibiades Verhalten im Jahre 420 hingestellt[6]).

Auch scheint der Schriftsteller das Vorgehen des Alkibiades, das er als raffiniertes Intriguenspiel schildert, durchaus nicht zu billigen; sonst würde er nicht den Ausdruck brauchen: „Er spielte ihnen einen Streich „($μηχανᾶται$)"", oder sagen: „Er versuchte die Gesandten anzuschwärzen",

---

1) A. 18. 2) Thukyd. VII. 50. 3) Thukyd. VII. 8.
4) Thukid. VI. 15. 5) Thukyd. V. 43 ff. 6) Thukyd. V. 45.

oder zuletzt das Verhalten kurz weg als Betrug bezeichnen (ἠπατημένων)[1].

Schon diese Ausführungen beweisen, dass der Schriftsteller sich gelegentlich seines persönlichen Urteils durchaus nicht enthält.

Von den beiden noch zu besprechenden Männern, dem Brasidas und Perikles sagt Bruns[2], es sei unverkennbar, dass der Autor ihnen sympathisch gegenüberstand. Aber auch bei ihnen habe er sich nicht dazu verführen lassen, diese Sympathie direkt auszusprechen.

Mit welcher Liebe jedoch, im Vergleich zu Kleon, zeichnet Thukydides den spartanischen Feldherrn Brasidas, so dass wir von dessen Charakter ein ziemlich klares Bild gewinnen! Wir erfahren, dass er ein hervorragender Politiker und Feldherr war, dass er es verstand, durch sein gewinnendes Wesen seine Soldaten an sich zu fesseln. Nicht aber erhalten wir diese Kenntnis allein aus den Wirkungen dieser Eigenschaften auf andere Leute, wie Bruns[3] glaubt, sondern auch direkt durch die Worte des Schriftstellers selbst.

So rühmt Thukydides den Brasidas[4], indem er ihn den ersten von allen nennt, der sich durch seine Kühnheit in diesem Kriege Lob verdient habe. Das ist aber jedenfalls mehr als nur ein kurzer charakterisierender Vermerk. Ebenso direkt heisst es dann[5]: „Brasidas that sich vor allen anderen hervor." Recht bezeichnend für des Schriftstellers persönliche Stellung ist auch die Beurteilung der Beredsamkeit des Brasidas[6], die sogar in den Worten „wie mans eben von einem Lakedämonier verlangen kann", trotz aller Anerkennung, eine gewisse Verächtlichkeit erkennen lässt.

Trotzdem spricht Brasidas in pathetischer Form, gerade wie später, da er die Toronäer[7] zum Abfall von Athen bewegen will. Thukydides lässt ihn einen für einen Spartaner

---

1) Thukyd. V. 46, 1.　　2) A. S. 12.　　3) A. S. 13.
4) Thukyd. II. 25.　　5) Thukyd. IV. 11.　　6) Thukyd. IV. 84.
7) Thukyd. IV. 114.

erstaunlich langen Vortrag über Freiheit, Selbstständigkeit und dergleichen halten; aber von dem, was das Ausschlaggebendste war, dass die Athener den Tribut erhöht hatten, lässt ihn Thukydides nicht reden, da die „prosaischen von Drachmen und Obolen hergenommenen Argumente" sich neben „dem hochtrabenden Gerede von Freiheit und Autonomie" schlecht genug ausgenommen haben würden[1]).

Vor allem aber scheint dem Verfasser gerade die zusammenfassende Würdigung der Person des Brasidas[2]) ganz besonders das persönliche Urteil des Schriftstellers zu enthalten.

Es hatten die Chalkidenser die Entsendung des Brasidas ganz besonders gewünscht. Als Erklärung für diesen Wunsch hält es Thukydides für nötig uns mitzuteilen, worin die Vorzüge dieses Mannes bestehen; und zu diesem Zweck giebt er uns eine eingehende Würdigung seines Charakters. Wir erfahren, dass er es verstand in Sparta durchzusetzen, was er wollte, dass er durch Gerechtigkeit und Mässigung sich auszeichnete, allerdings auch gelegentlich vor einem Verrat nicht zurückscheute; und seine Tapferkeit und Klugheit wird von Thukydides für so bedeutend gehalten, dass er sagt, sie habe sogar für die Zukunft zu Gunsten der Lakedämonier nachgewirkt.

Diese, wie Bruns[3]) selber zugiebt, inhaltlich subjektive Charakterschilderung ist ja gewiss in ihrem ersten Teil als Erklärung für die vorher erzählte Forderung der Chalkidenser benutzt; aber sie bleibt deshalb doch immer subjektiv und mit den Worten[4]): „In der That war es hauptsächlich die in diesem Feldzuge von Brasidas bewiesene Tapferkeit und Klugheit, welche die athenischen Bundesgenossen, die dieselbe teils durch eigene Proben erfahren hatten, teils aus dem Ruf sich einen Begriff davon machten, in dem späteren Kriege nach den Ereignissen in Sizilien gegen die Lakedämonier so geneigt machte" zeigt sich die Beurteilung nicht mehr nur inhaltlich, sondern auch formell

---

1) Müller-Strübing a. a. O. S. 31.   2) Thukyd. IV. 81.
3) A. 13.   4) Thukyd. IV. 81, 2.

als persönliches Urteil des Schriftstellers. Und gerade deshalb, weil, wie Bruns[1]) ganz richtig bemerkt, die Chalkidenser nicht derartig reflektieren können, müssen wir diese Worte als Reflexion des Schriftstellers selber, also als Ausdruck seines persönlichen Urteils ansehen.

Noch an einer anderen Stelle giebt Thukydides eine kurze Bemerkung über den spartanischen Feldherrn und zwar an derselben Stelle und in derselben Weise wie über Kleon. Auch in Sparta sei durch des Brasidas Tod der Gedanke an Frieden aufgekommen, der durch den Feldherrn bisher immer unterdrückt worden sei, weil der Krieg ihm Ehre und Glück gebracht habe[2]). Thukydides erspart also auch dem Brasidas ebensowenig wie Kleon den Vorwurf, dass er den Krieg aus persönlichen Gründen hinausgezogen habe. Dieses Urteil muss aber, will man gerecht sein, als ebenso persönlich betrachtet werden, wie das Urteil über Kleon, und das um so mehr, da ja Thukydides sonst die Gerechtigkeit und Mässigung des Brasidas ganz besonders hervorgehoben hat.

Von ausschlaggebender Beweiskraft dafür, das Thukydides sein persönliches Urteil bei der Darstellung einzelner Personen ausspricht, ist endlich die Art und Weise, wie er den grössten Mann Athens jener Zeit charakterisiert hat. So lange Perikles lebte, war ja auch Thukydides in Athen und hat ihn persönlich gekannt und reden gehört. Er wird sich also bei seiner scharfen Beobachtungsgabe gar bald ein sicheres Urteil über ihn und seinen Charakter gebildet haben. Auch Bruns[3]) giebt daher zu, dass die Zeichnung des Perikles bei Thukydides eine lebhafte Bewunderung des Schriftstellers vor dem Dargestellten erkennen lässt.

Das Bild, das wir aus dem Geschichtswerk des Thukydides von Perikles erhalten, ist für uns besonders wertvoll eben durch die günstige Beurteilung des Mannes, welche der feindseligen Kritik der antidemokratischen Schriftsteller die Wage hält. Nicht mit Unrecht hat man daher das Werk

---

1) A. 13.   2) Thukyd. V. 16.   3) A. 66.

des Thukydides geradezu als eine Verteidigungsschrift zu Gunsten der perikleischen Politik bezeichnet[1]).

In der Schilderung der beiden ersten Kriegsjahre erfahren wir bei Thukydides von Perikles nichts. Bruns[2]) macht dazu die Bemerkung, dass dieses Fehlen etwas Auffallendes sei. Ob aber die Ansicht von Bruns[3]), dieses Uebergehen des Perikles sei allein deshalb geschehen, weil Thukydides nur die Geschichte selbst, nicht aber eine Reihenfolge von Einzelbildern habe darstellen wollen, richtig ist, das ist doch zweifelhaft. Vielleicht kann als Grund mitgewirkt haben die patriotische Bestimmung seines Werkes, also seine Subjektivität. Nissen[4]) sagt, „dass der ganze Kriegsplan des Perikles sein Ziel verfehlt habe; und somit habe Thukydides als Vertheidiger der Perikleischen Politik doppelte Veranlassung gehabt bei der Schale zu verweilen und den Kern der Sache verschwinden zu lassen." Und der Zweck des Werkes durch die Schilderung des Riesenkampfes die Gemüter zu erbauen und zu ermutigen musste den Thukydides trotz seiner Ueberzeugung von der Richtigkeit der Perikleischen Politik allerdings von vornherein veranlassen über die ausschlaggebende Politik und Person des Perikles zu schweigen, wenn er nicht direkt Unwahrheiten über ihn berichten oder ihn in den Augen seiner Volksgenossen herabsetzen wollte, indem er erzählt, wie alle Massnahmen des Perikles erfolglos blieben. Deshalb ist die Bemerkung von Bruns[5]), dass Thukydides den Perikles nicht selbst hervorziehe, sondern abwarte bis die Ereignisse selbst ihn in den Vordergrund drängen, an sich zutreffend.

Und gerade, wenn Thukydides über einzelne Ereignisse schweigt, lässt er sich dabei gern von subjektiv persönlichen Motiven leiten. Das ersehen wir deutlich aus der absichtlich lückenhaften Darstellung und dem bewussten Verschweigen von Thatsachen, das er bei den Ereignissen in Thrakien, dem Schauplatz seiner eigenen unglücklichen Feldherrnthätigkeit geübt hat.

1) H. Nissen: Der Ausbruch des peloponnesischen Krieges. Hist. Zeitschrift. N. F. 27. Band 1889 S. 421.
2) A. 4. 3) A. 5. 4) a. a. O. S. 125. 5) A. 5.

Die erste Erwähnung[1]) des Perikles bei Thukydides ist eine ganz nebensächliche. Wir erfahren, dass er der Sohn des Xanthippus und Anführer einer athenischen Truppenabteilung ist. Nach verschiedenen kurzen Bemerkungen[2]) über des Perikles Feldherrenthätigkeit und einer Erwähnung seiner Familie[3]) erhalten wir plötzlich[4]) als Begründung für den Antrag der Spartaner, demgemäss Perikles als Nachkomme der kylonischen Frevler hätte verbannt werden müssen, eine kurze Charakteristik dieses Mannes. „Perikles war nämlich einer von denen, die am meisten in der Stadt vermochten, und er hatte das Ruder in den Händen; dabei war er in allen Stücken den Lakedämoniern zuwider und liess die Athener keinen Fuss breit weichen, sondern reizte sie zum Kriege."

Dass diese persönliche Stellung und nicht die Verwandtschaft des Perikles mit dem Hause der Frevler der Anlass sind, aus dem die Lakedämonier die Verbannung verlangen, ist klar. Ebenso aber ist auch klar, dass beide Teile völlig davon überzeugt sind, diese Forderung könne nur „das diplomatische Vorgefecht der Kriegserklärung" sein.

In diesem Augenblick war eine Würdigung des Perikles am Platze, ja notwendig.

Aber der von Bruns gezogene Schluss, dass die Bemerkung über Perikles wohl wie eine „subjektive Charakterschilderung" aussähe, dass sie aber nur eine Erläuterung des vorher erzählten Angriffes auf Perikles sei, ist kaum haltbar. Sie ist eben beides!

Im weiteren Verlauf der Erzählung erfahren wir über Perikles mancherlei; vor allen Dingen lässt ihn Thukydides häufig reden.

Der Schriftsteller stellt uns den Perikles bei dessen erster Rede[5]) als einen Mann vor, der „einer der vornehmsten in Athen war, mächtig in der Rede, mächtig in der That." Auch diese Bemerkung soll nach Bruns[6]) „nicht

---

1) Thukyd. I. 111. 2) Thukyd. I. 114, 116, 117.
3) Thukyd. I. 127. 4) Thukyd. I. 127. 5) Thukyd. I. 139.
6) A. S. 7.

den leisesten Ansatz zu einer Charakteristik oder Beurteilung enthalten, sondern einfach die Schilderung eines bestehenden Zustandes sein." Gewiss enthält diese Bemerkung die Schilderung eines Zustandes; aber hätte es nicht völlig in des Thukydides freiem Ermessen gestanden, diese Bemerkung einfach zu unterdrücken, wenn er nicht die Absicht gehabt hätte, dem Leser eine Beurteilung des Perikles zu geben, sein persönliches Urteil über ihn zu offenbaren? Wir sollen gerade erfahren, dass der Mann, der jetzt das Wort ergreift, einen ausschlaggebenden Einfluss auszuüben imstande ist.

Bis zum Tode des Perikles erfahren wir recht wenig. Aber bei dieser Gelegenheit giebt Thukydides, wie er das zu thun pflegt, eine Charakteristik des Mannes und eine Würdigung seiner Politik[1]).

Perikles war, so zu sagen, beim Volke in Ungnade gefallen, ja sogar zu einer Geldstrafe verurteilt worden; er ward aber bald wieder in seine alte Stellung eingesetzt, da ihn das Volk gleichwohl der höchsten Ehre für würdig hielt: „denn im Frieden, so lange er an der Spitze des Staates stand, leitete er denselben mit Mässigung und wachte für ihn und vergrösserte die Macht desselben; nachher aber, als der Krieg ausgebrochen war, bewies er eine genaue Kenntnis von der Leistungsfähigkeit des Staates."

Nun erfolgt die einfache Erzählung vom Tode des Perikles: „Darnach lebte er noch zwei Jahre und sechs Monate." Daran anknüpfend berichtet dann Thukydides, was er von den politischen Massnahmen des Perikles hält. Er bezeichnet dabei ganz besonders als die Ursachen von Athens Untergang die zahlreichen, irrtümlichen und absichtlichen Abweichungen von dem Wege, den Perikles in der Politik zu gehen gewohnt war, indem er sich über die Athener ausspricht: „Sie aber thaten nicht nur von allem das Gegentheil, sondern folgten auch in anderen Einrichtungen, die dem Anscheine nach mit dem Krieg nichts zu thun hatten, zu ihrem eigenen Unglück ihren besonderen ehrgeizigen und gewinnsüchtigen Absichten." Thukydides

---
1) Thukyd. II. 65.

giebt nun, indem er Perikles wieder direkt charakterisiert, für seine Ansicht eine eingehende Begründung: „Die Ursache war, dass Perikles bei der Gewalt, die ihm sein Ansehen und seine Staatsklugheit verschaffte, gegen alle Geschenke unerbittlich war, und daher das Volk mit der grössten Freimütigkeit in Schranken halten konnte, so dass er es wirklich leitete und sich nicht von ihm leiten liess, indem er nicht durch unrechtmässige Mittel zu seiner Gewalt gelangt war und deshalb reden musste, wie sie es gern hörten, sondern vermöge des Ansehens, in dem er stand, zuweilen schon heftig gegen sie sprechen konnte. Wenn er also merkte, dass sie zur Unzeit aus Uebermut voll sicheren Vertrauens waren, so wusste er sie durch seine Reden so zu schrecken, dass sie das schlimmste befürchteten. Fand er sie dagegen in unbegründeter Furcht, so stellte er den Mut wieder bei ihnen her. Obwohl also dem Namen nach die Regierung demokratisch war, war doch in der That der vornehmste Mann Herrscher."

Diese Abschnitte, in welche die Beurteilung des Perikles durch Thukydides zerfällt, enthalten nun ganz gewiss, wie Bruns bemerkt, die Ansichten verschiedener Zeiten. Die erste Stelle ist im Sinne derer gesprochen, die zu des Perikles Zeit selbst lebten, während die nachfolgenden Worte erst der Zeit nach des Perikles Tode angehören.

Aus dieser Verschiedenheit der Zeit, in welche die Beurteilungen fallen, folgert nun Bruns[1]), dass der Schriftsteller „keinen Satz geschrieben habe, für den er selbst die Vertretung übernähme," sondern „sein persönliches Urteil zwar zu Grunde gelegt, aber vollkommen objektiviert habe."

Dieser Schluss lässt sich jedoch nicht ohne weiteres aus den Worten des Thukydides ziehen; denn der Schriftsteller sagt durchaus nicht „das Volk dachte so und so"; sondern er giebt eine sachliche Beurteilung der Thatsachen. Er spricht sein Urteil aus! Dass dieses aber mit dem allgemeinen zusammenfällt, ist ein Zufall, und es ist ganz gewiss, dass sich

---

1) A. 7.

Thukydides im anderen Falle auch nicht gescheut haben würde, seine gegenteilige Meinung zu äussern.

Dass die Subjektivität auch in die von Thukydides berichteten Reden eingedrungen ist, sagt schon Bruns[1]), indem er besonders hervorhebt, dass alle Redner Perikles und Kleon, Nikias und Alkibiades dieselbe gleichartige Sprache sprechen, welche sich Thukydides für diese Zwecke zurecht gemacht habe, und dass er die Reden, selbst wo sie im Wortlaut vorlagen, in seine eigene Form umgegossen habe[2]). Die Reden enthalten demnach die Ergebnisse der psychologischen Analyse, die Thukydides über die Sprecher angestellt hat[3]). Demgemäss sind die Redner auch subjektiv gefärbt.

Aus den Reden des Perikles gewinnen wir die Ueberzeugung, dass Perikles bei allem, was er sagt, stets völlig zielbewusst vorgeht. Er wollte keinen Frieden, weil er sehr wohl sah, dass der Krieg über kurz oder lang doch ausbrechen musste. Athen war aber durch lange Friedensarbeit im Augenblick völlig bereit, während das Sparta nicht war.

Wenn man behauptet hat, Perikles habe den Krieg aus persönlichen Gründen gewollt, so ist das sicher unrichtig; denn bei Ausbruch des Krieges war die Opposition gegen ihn noch nicht so stark, dass er einen Sturz hätte befürchten müssen. Erst durch die ungeheuern Opfer des Krieges und die ununterbrochene Wühlarbeit demagogischer Hetzer konnte sie die Kraft gewinnen, ihm überhaupt gefährlich zu werden.

Perikles bleibt in allen seinen Reden sachlich und spricht weniger von seiner Person als von den Pflichten eines guten Staatsbürgers überhaupt. Dabei lässt Thukydides den Perikles sagen[4]): „Bedenkt vielmehr, dass die Stadt eben dadurch bei allen Nationen des Erdbodens den grössten

---

1) A. 25. 2) A. 24.
3) Bruns: das literarische Porträt u. s. w. angezeigt von A. Bauer. Zeitschr. f. öster. Gymnas. 1897. 8. u. 9. Hft.
4) Thukyd. II. 64, 3.

Ruhm erlangt hat, dass sie im Unglück nicht erliegt und dass sie mit Uebernehmung der grössten Beschwerden und Aufopferung einer Menge Menschen sich bis hierher in dem Besitze einer so ansehnlichen Macht erhalten hat, deren Andenken sich allemal, wenn wir auch einmal weichen sollten (wie denn alles in der Welt mit der Zeit herunterzukommen pflegt), bei der spätesten Nachwelt erhalten wird, dass wir als Griechen über die allermeisten Griechen herrschten, die furchtbarsten Kriege gegen alle wie gegen Einzelne aushielten und die mit allerlei Dingen am reichlichsten ausgestattete Stadt bewohnen."

Diese Worte dürften zu einem anderen Schlusse führen als zu dem, den Bruns[1]) gezogen hat, wenn man bedenkt, dass Thukydides zu einer Zeit schreibt, wo Athens Macht bereits durch mehrere Katastrophen in ihren Grundfesten erschüttert war. Hier spricht also in Wahrheit nicht Perikles, sondern Thukydides, und er thut dies, weil er trotz des politischen Verfalles an Athen glaubt und dessen in Ewigkeit unzerstörbare geistige Souveränität dem Leser vor Augen führen will[2]).

Ganz ähnlich verhält es sich mit der berühmten Leichenrede des Perikles[3]). Es war das eine Gedächtnisrede; und es muss daher auffallen, dass die eigentliche Aufgabe des Perikles nämlich die Hinterbliebenen der gefallenen Athener zu trösten und den Ruhm der Toten zu verkünden recht in den Hintergrund getreten ist. Müller-Strübing[4]) erklärt das damit, dass er sagt: „Das ist nicht die Grabrede für eine Handvoll Leute, die im ersten Kriegsjahr in den Scharmützeln vor der Stadt oder in den Gefechten im Peloponnes gefallen waren, es ist die Totenklage (des Thukydides) um den athenischen Staat." Und will man dem auch nicht wörtlich beistimmen, so dürfte der erste und letzte Eindruck der Rede immer der sein, dass sie Thukydides den Perikles halten lässt nicht aus „wunderbar feinem Stilgefühl"[5]) ein „Meisterstück objektiver Geschichtsschreibung" liefernd, son-

---

1) A. 32. 2) F. Spiro: a. a. O. deutsche Literaturzeitung.
3) Thukyd. II. 35 ff. 4) a. a. O. S. 76. 5) A. 34.

dern, dass Thukydides die Gelegenheit der Leichenrede benutzt hat zu einem Herzenserguss über Perikles und das perikleische Athen.

Was die Charakteristik des A n t i p h o n bei Thukydides betrifft[1]), so bezeichnet diese Bruns[2]) als die einzige Stelle, an welcher die Stilgesetze des Thukydides nicht befolgt seien, er sich also selbst untreu geworden sei.

Allerdings spricht Thukydides über Antiphon sein Urteil völlig offen aus. Er sagt: „Antiphon war ein Mann, der an grossen Eigenschaften keinem Athener seiner Zeit etwas nachgab und der mit gleicher Stärke zu denken und seine Gedanken auszudrücken verstand. Ohne selbst vor dem Volk zu erscheinen oder sich sonst freiwillig in die öffentlichen Debatten zu mischen (indem das Volk ihm wegen des Rufs von seiner ausserordentlichen Geschicklichkeit nicht traute), war er im stande, denen, die in Gerichten oder bei dem Volke etwas durchzusetzen hatten und ihn zu Rate zogen, wichtige Dienste zu leisten. So hatte er auch nachmals, als die Lage der Vierhundert sich änderte und sie vom Volk viel leiden mussten, gegen die peinliche Anklage, die man bei eben dieser Gelegenheit wider ihn führte, als ob er sie mit habe bestellen helfen, eine der schönsten Verteidigungsreden verfertigt, wovon man je vor meiner Zeit Beispiele gesehen hat."

Verfasser vermag nun diese Schilderung des Thukydides nicht mit Bruns als ein Abweichen vom Stilgesetz oder als einen Beweis für die mangelhafte Durcharbeitung des achten Buches der hellenischen Geschichte anzusehen. Im Gegenteil muss er gerade diese Worte als einen Beweis dafür ansehen, dass Thukydides eben nicht prinzipiell vermeidet, sein Urteil auszusprechen. Und das um so mehr, da er einen wesentlichen Unterschied zwischen dieser Charakteristik des Antiphon und denen anderer Männer z. B. des Themistokles[3]) oder Nikias[4]) nicht zu finden vermag. Auch fehlt ja das eine, der von Bruns[5]) als besonders Thukydi-

---

1) Thukyd. VIII. 66. 2) A. 23. 3) Thukyd. I. 138.
4) Thukyd. VII. 86. 5) B. 18.

deisch bezeichneten „indirekten Mittel," das Urteil der Zeitgenossen, selbst in dieser Charakteristik des Antiphon, da wo es heisst: „das Volk traute ihm wegen des Rufs von seiner ausserordentlichen Geschicklichkeit nicht," nicht völlig. Diese Charakterschilderung aber als „Abweichen von Prinzip" zu bezeichnen und bei anderen ganz ähnlichen Darstellungen ein strenges Festhalten am selben Gesetz anzunehmen ist Verfasser nicht möglich. Im Gegenteil beweist ihm gerade die Charakteristik des Antiphon, dass Thukydides eben überhaupt derartige Stilgesetze sich gar nicht gestellt hat.

Verfasser glaubt im Vorstehenden die Art und Weise dargestellt zu haben, welche Thukydides zur Darstellung von Einzelpersonen verwendet; das Ergebnis dürfte folgendes sein.

Der Zweck seines Geschichtswerkes verbot es Thukydides von vornherein, „eigentliche Biographien" zu geben; und deshalb geht er auch auf den persönlichen Charakter der Handelnden nur ein, soweit diese für den Gang der Ereignisse in Betracht kommen.

In der Regel besteht die Charakteristik darin, dass Thukydides beim ersten Auftreten einer Person einen kurzen charakterisierenden Vermerk giebt und bei deren letztem Auftreten dann in längerer Auseinandersetzung eine Art Reflexion über die betreffende Person anstellt.

Die Form, in welcher Thukydides die einzelnen Personen darstellt, ist die, dass er sowohl das Urteil anderer (Zeitgenossen, Nachlebende) als auch sein eigenes Urteil über die dargestellten Personen ausspricht. Bei der Abgabe seines eigenen Urteils geht er sogar soweit, dass er gelegentlich die historische Wahrheit vorseiner persönlichen Ansicht in den Hintergrund treten lässt.

Ausserdem bedient er sich der Thaten und Worte der darzustellenden Personen. Dass er aber gerade das gesprochene Wort besonders bevorzugt, hat seinen natürlichen Grund darin, dass er eine Zeit darstellt, in der sich die Grösse eines Charakters ebensosehr in der Macht seiner Rede, als in der Macht seiner Thaten offenbart.

Bezüglich der von Bruns für Thukydides aufgestellten Stilgesetze glaubt Verfasser, dass es sich nicht mit völliger Sicherheit nachweisen lasse, Thukydides habe sich von vornherein bestimmte feststehende Gesetze gebildet, nach denen er sich bei der Darstellung historischer Persönlichkeiten gerichtet hat, ferner, dass sich auch, wenigstens das erste Gesetz, nicht nachträglich als ein allgemein giltiges und prinzipiell durchgeführtes aus der Thukydideischen Darstellung ableiten lasse.

2. Xenophon.

Wenn es sich Thukydides zum Prinzip gemacht hatte, möglichst wahr und sachlich zu sein, so pflegt man Xenophon nachzurühmen, dass er gerade wie sein grosser Vorgänger einen schlichten Bericht über alle historisch bemerkenswerten Geschehnisse habe geben wollen. Aber man wird vielleicht behaupten können, dass wir in der Hellenika mehr eine schätzenwerte Sammlung von Material zu der Geschichte der Zeit Xenophons als eine wirklich planmässig angelegte Geschichte derselben besitzen. Und daraus wird sich auch erklären, dass das Werk in seinen einzelnen Teilen, je nachdem die Quellen reichlicher oder spärlicher flossen, und je nach dem Anteil, den der Verfasser an den einzelnen Ereignissen und Personen nahm, so sehr verschieden ist.

Xenophon ist ein Chronist, dem die Natur zufällig die Fertigkeit gegeben in so liebenswürdiger Weise darzustellen, und zu schildern. Er thut nichts weiter, als dass er sammelt und das Gesammelte in angenehmer Form darstellt.

Und wenn von vielen Seiten an des Xenophon Art Geschichte zu schreiben in erster Linie die Wahrheitsliebe hervorgehoben wird, mit der er alles dargestellt habe, so kann Verfasser damit nicht bedingungslos einverstanden sein. Denn die hellenische Geschichte zeigt direkte Parteinahme für Sparta. Wenn es auch nicht die Politik und Handlungsweise der Spartaner war, welche ihn anzog (denn für sie fehlt es auch bei Xenophon gelegentlich nicht an einem scharfen Wort[1]), so waren es jene spartanischen Einrichtungen, durch die die Stadt gross geworden, welche ihm Bewunderung abnötigten. Und wenn wir uns auch damit einverstanden erklären wollen, was Schimmelpfeng[2]) sagt, „dass Xenophon Einigung aller Hellenen gegen die Perser erstrebt habe und deshalb der eigentümlichen Vorzüge aller hellenischen Staaten nicht uneingedenk gewesen sei," so darf man sich trotzdem der Ueberzeugung nicht verschliessen, dass Xenophon mit Vorliebe auf Sparta und seine Helden geblickt hat. Und bei der Würdigung seiner Eigenschaft als Historiker ist immer im Auge zu behalten, ob es vielleicht doch nicht persönliche Dankbarkeit für den Staat gewesen, der ihm, dem Heimatlosen, ein Asyl geboten, welche ihn veranlasste, Sparta allenthalben zu bevorzugen.

Wir können ja seine unverhohlene Abneigung gegen die demokratische Verfassung Athens vollkommen begreifen; aber zum Vorwurf darf man es ihm wohl machen, dass er dabei nicht eingesehen hat, wie verrottet auch die aristokratischen Verfassungen schon damals fast überall waren.

Andererseits hat ihn auch seine Abneigung gegen Theben so weit beeinflusst, dass wir von dem grossartigen Aufschwung dieser Stadt nur ein sehr unvollkommenes Bild erhalten; und man gewinnt den Eindruck, als ob es ihm ebenso schwer fällt, Epaminondas zu loben, wie er nur widerwillig über Sparta einen Tadel ausspricht. Und dieser sein Parteistandpunkt hat Xenophon wohl auch dazu verführt, so gar viel zu verschweigen.

Ueberhaupt wird jeder Leser des Xenophon zu dem Urteil kommen, dass bei ihm das Persönliche eine sehr grosse Rolle spielt.

Doch dürfen wir aus diesem Verschweigen von Thatsachen, sowie aus der Vorliebe für einzelne Personen nicht den Vorwurf der absichtlichen Entstellung oder gar Fälschung der geschichtlichen Vorgänge ableiten; zumal wenn man

---

1) Vom Staate der Lakedä. 14. 7.   2) Zur Würdigung von Xenophons Anabasis.

bedenkt, wie schwer es für ihn sein musste, beim Aufzeichnen von Ereignissen, die er selbst miterlebt, parteilos zu bleiben. Ausserdem dürfte wohl auch zu erwägen sein, ob schon der damaligen Zeit die einzelnen Personen, deren Gegner Xenophon ist, in demselben glänzenden Lichte erschienen sind, wie sie uns jetzt erscheinen.

Sehen wir aber von der nur im historischen Gewande auftretenden Cyropädie ab, so kommen von historischen Darstellungen des Xenophon nur die hellenische Geschichte und die Anabasis hier in Betracht. Dabei muss auf jeden Fall festgestellt werden, dass Xenophon in seiner Geschichtsschreibung und vornehmlich auch bei der Darstellung von Individuen Parteimann war, den „die Einzelperson in der Geschichte interessiert, nicht ihr Gang an sich[1]." Daher stehen für ihn im Vordergrunde der Erzählung die einzelnen Individuen und namentlich die Feldherren. Sie werden mit ihren Fehlern und Tugenden, namentlich in ihrem Benehmen gegen die Soldaten geschildert. Vollständig fehlt dagegen ein einigermassen ausreichender Ueberblick über die bedeutendsten Ereignisse der Periode[2].

Trotz dieser in die Augen springenden Verschiedenheiten hat man kein Bedenken getragen, Xenophon öfter mit Thukydides zusammenzustellen.

Bruns aber geht soweit zu behaupten, dass Xenophon wie überhaupt, so besonders bei der Charakterschilderung ein „äusserlicher Nachahmer des Thukydides"[3] gewesen sei und sich selbst gezwungen habe[4], seiner Natur zuwider[5], seine Eigenart der Herrschaft der Thukydideischen Stilgesetze zu unterwerfen.

Ganz folgerichtig stellt nun auch Bruns dasselbe Gesetz, welches er für Thukydides als erstes Stilgesetz aufgestellt hat, bei Xenophon als „Thatbestand" fest[6]. Er sagt, „dass Xenophon über seine Personen nicht selbst urteilt, dass er persönliche Mitteilungen über sie unterlässt, dass er dagegen charakteristische Urteile Anderer gelegentlich mitteilt."

1) A. S. 39.　　2) Wachsmuth a. a. O. S. 632.　　3) A. 38.
4) A. 35.　　5) A. 35.　　6) A. 36.

Dass dem wirklich so ist, daran zweifelt Bruns überhaupt nicht, sondern fragt nur darnach, ob sich aus der Beobachtung dieses Gesetzes ein bewusster Anschluss an Thukydides folgern lässt. Bruns beantwortet diese Frage mit aller Entschiedenheit „erfreulicher Weise"[1]) mit ja, indem er den für ihn zwingenden Schluss zieht, dass Xenophon auf die bewährte Methode seines Vorgängers Rücksicht genommen habe. Bruns sagt[2]): „Der Schriftsteller, der eingesteht, dass er sich für gebunden erachte, Personalien der historischen Männer von seiner Darstellung auszuschliessen, wird auch, wenn er seinem persönlichen Urteil über ihr gesammtes Wirken ersichtliche Schranken auferlegt, nicht unbefangen, sondern bewusst handeln. In beiden Fällen müssen wir eine Rücksicht erkennen, die mit seiner Neigung in Widerspruch steht."

Diese nach Bruns überwundene Neigung ist das Bestreben des Xenophon, sich seines Urteils über Personen zu bedienen, persönliche Mitteilungen über sie auszusprechen. Als Beweis dafür, dass Xenophon sich gebunden erachtet und eingestanden habe, diese Neigung überwinden zu müssen, führt Bruns zwei Stellen an[3]).

„Es wird von ihm (Theramenes) auch folgendes Wort erzählt. Als ihm Satyrus sagte, es solle ihm übel bekommen, wenn er nicht schweige, fragte er ihn: wenn ich aber schweige, so wird es mir also nicht übel bekommen? Nachdem er, zu sterben genötigt, den Giftbecher getrunken, warf er, erzählt man, den Rest auf den Boden, dass es hallte und sagte: Das für Kritias den Schönen. Zwar weiss ich wohl, dass dies keine Aeusserungen von Gewicht[4]) sind, doch finde ich an dem Mann bewunderswert, dass er auch im Angesicht des Todes weder die Besonnenheit noch den Witz verlor." Die zweite Stelle ist folgende: „Dem Teleutias aber wurde bei seiner Heimfahrt ein seltenes Glück zu Teil; als er, um sich nach Hause einzuschiffen, dem Strande zu ging, da war kein Soldat, der ihm nicht die Hand ge-

---

1) A. 37.   2) A. 38.   3) Xenophon: Hell. Gesch. II. 3, 56
und V. 1, 3.   4) ἀξιόλογα.

geben hätte. Einige umwanden sein Haupt mit Kränzen, andere mit Binden. Manche, die zu spät kamen, warfen ihm, als er schon vom Lande abgestossen, ihre Kränze unter vielen Segenswünschen ins Meer nach. Wohl weiss ich, dass ich hier keinen kostspieligen Aufwand oder eine Gefahr, oder eine Kriegslist, die der Erwähnung wert (ἀξιόλογον) wäre, berichte, dagegen ist es fürwahr wert zu erfahren, durch welche Mittel wohl Teleutias bei seinen Untergebenen eine solche Gesinnung hervorrief. Denn das ist eine Leistung (ἔργον), die denkwürdiger ist als der Gewinn von Schätzen und die Durchführung von Gefahren."

Aus diesen beiden Stellen ergiebt sich für den Verfasser: Xenophon will ἀξιόλογα berichten. Dazu gehören für ihn in erster Linie ἔργα, d. h. Gefahren, Kriegslisten oder kostspielige Unternehmungen.

Die zweite der oben angezogenen Stellen berichtet ein Ereignis, durch welches sich die Zuneigung der Truppen zu ihrem Feldherrn Teleutias offenbart. Was aber Teleutias für ein Mann gewesen, vermögen wir aus dieser Erzählung direkt nicht zu erfahren; denn wir haben eben nicht, wie Bruns[1]) behauptet, Personalien des historischen Mannes vor uns, sondern nach Xenophons eigener Aeusserung ein ἔργον, das ihm wichtiger ist als selbst die Erzählung von Gefahren.

Hier lag also für den Schriftsteller gar keine Notwendigkeit vor, die Neigung zu persönlichen Bemerkungen (Personalien) zu überwinden, da er eben nichts als ein ἔργον berichtet.

An der ersten Stelle erfahren wir von Xenophon eine Aeusserung des Theramenes, haben also in der That eine persönliche, d. h. eine den Theramenes charakterisierende, Bemerkung vor uns. Der Schriftsteller erzählt diese, weil sie ihm wichtig und bewundernswert erscheint. Und wenn er selber dazu bemerkt: ich weiss wohl, dass diese Bemerkung kein ἀξιόλογον ist, so ist das immerhin noch nicht das Bekenntnis, dass Xenophon sich prinzipiell verpflichtet fühlte „jede persönliche Mitteilung" zu unterlassen, dass[2])

---

1) A. 38. 2) A. 38.

er sich an ein Gesetz gebunden glaubte, welches ihm verbot, anderes als „Gefahren, Aufwendungen, Kriegslisten, Thaten und Vorfälle zu erzählen, mit einem Worte, das ihn verpflichtete, nur geschichtliche Ereignisse zu erzählen und alles persönliche, alle den Einzelnen charakterisierenden Anekdoten wegzulassen."

Noch weniger aber kann man aus jener Aeusserung des Xenophon den „zwingenden Schluss" ziehen, dass der Schriftsteller sich gebunden glaubte an ein Gesetz, das sich Thukydides gegeben und dem sich anzuschliessen er die innerliche Verpflichtung gefühlt habe, auf dessen bewährte Methode Rücksicht zu nehmen er geradezu moralisch verpflichtet gewesen wäre.

Der Schluss von Bruns, dass eine derartige Rücksichtnahme und Abhängigkeit des Xenophon von Thukydides vorhanden sei, kann aber für uns um so weniger zwingend sein, als ihn Bruns selber auf das äusserste beschränkt. Und man kann doch füglich nicht von irgend einem Schriftsteller behaupten[1]), er habe sich und seiner Natur Zwang anthun müssen, um sich der Richtung seines Vorgängers anzubequemen, wenn eingestandenermassen an „hundert Stellen die eigene Neigung wieder durchbricht," wenn sie sich „an zahllosen Stellen dennoch Bahn bricht," wenn es sogar „niemand leugnen kann, dass an verschiedenen Stellen der Gedanke thukydideischer Gesetze aufgegeben ist." Auch nimmt sich die Behauptung, Xenophon sei von Thukydides abhängig gewesen, sehr schlecht aus neben dem offenen Zugeständnis, dass die Begabung des einen der des anderen gerade entgegengesetzt gewesen sei und dass bei dem angeblichen Widerspiel zwischen Pflicht und Neigung überaus häufig die Neigung über die Pflicht obgesiegt habe.

Verfasser möchte es überhaupt bezweifeln, dass Xenophon sich von vornherein für die Behandlung des Individuums feststehende Gesetze gegeben hat. Er erzählt ganz einfach Thatsachen und Geschehnisse, und wenn irgend eine historisch wichtige Person vorkommt, dann sagt er, was er ge-

---

1) A. 38 ff.

rade an dieser Stelle zur Erklärung und Erkenntnis ihrer Charaktereigenschaften für notwendig oder zweckmässig hält. Diese gleichsam dem Zufall überlassene Charakterschilderung tritt besonders hervor bei der Person des Spartanerkönigs Agesilaus.

Bruns[1]) stellt es als feststehende Thatsache hin, dass Xenophon es sich versagt habe, über diesen Mann (Agesilaus) zu urteilen, dass er ihn weder lobe noch charakterisiere und dass er sich bei der Darstellung dieses Mannes sorgfältiger als sonst vor einer Uebertretung der Thukydideischen Gesetze gehütet habe und zwar deshalb, weil er sich bei dieser wichtigen Person besonders beobachtet fühlte!

Bruns giebt zwar zu, dass Xenophon bei der Darstellung der militärischen Eigenschaften eines Iphikrates und Epaminondas den Thukydideischen Gesetzen untreu geworden sei[2]), d. h. dass er persönlich über sie geurteilt habe; aber bei Agesilaus habe er dies auch bei der Erzählung militärischer Ereignisse unterlassen und, um bei der Darstellung dieses Mannes seine Person möglichst aus dem Spiel zu bringen, eine „wunderlich umständliche Form" der Erzählung gewählt. Als Beweis für diese Behauptung sind drei Stellen aus der Hellenika angegeben. Sie lauten: „Was Agesilaus in diesem Augenblick that, war ohne Widerrede mannhaft, aber nicht das zweckmässigste"[3]); „Hier nun erwarb sich Agesilaus durch einen unbedeutenden aber im rechten Augenblick benutzten Gedanken Lob"[4]); „Der Gedanke des Agesilaus schien rühmlich zu sein"[5]).

In der Ausdruckweise dieser drei Stellen vermag aber Verfasser eine wunderlich umständliche Form nicht zu finden; sondern diese Aeusserungen erscheinen ihm einfach als direktes persönliches Urteil, dessen Form höchstens als rhetorisch anzusprechen ist[6]).

---

1) A. 39 ff. 2) A. 10. 3) Xenoph. Hell. Gesch. IV. 3, 19. ἐνταῦθα δὴ Ἀγησίλαον ἀνδρεῖον ἔξεστιν εἰπεῖν ἀναμφισβητήτως· οὐ μέντοι εἴλετό γε τὰ ἀσφαλέστατα. 4) Hell. Gesch. IV. 5, 4 ὁ Ἀγησίλαος μικρῷ καιρῷ δ᾽ ἐνθυμήματι εὐδοκίμησε. 5) Hell. Gesch. V. 4, 51 ἔδοξε καλὸν γενέσθαι τὸ ἐνθύμημα τοῦ Ἀγησιλάου. 6) vergl. Lobrede auf Agesilaus I. 11; II. 21; II. 31 u. s. w.

Es handelt sich einmal um die Schlacht bei Koronea. Der Ausgang dieser Schlacht war schon beinahe entschieden, und Agesilaus wurde bereits als Sieger gefeiert, als ihm die Nachricht von einem Durchbruchsversuch der Thebaner gebracht wurde.

Xenophon, bekanntlich durch und durch Soldat, lässt nun in seiner Schilderung erkennen, dass er die Sachlage sofort übersieht. Mit den schon erwähnten Worten: „Was Agesilaus in diesem Augenblick that, war ohne Widerrede mannhaft, aber nicht das zweckmässigste", spricht Xenophon daher eine Kritik der Handlungsweise des Agesilaus aus. Wenn Xenophon die Handlungsweise zwar mannhaft, aber unzweckmässig nennt, so haben wir das ausgesprochene persönliche Urteil des Schriftstellers vor uns, nach welchem Agesilaus wohl einmal irren könne, niemals aber des soldatischen Mutes ermangeln werde.

An der zweiten Stelle[1]) lässt sich das persönliche Urteil des Schriftstellers wiederum deutlich erkennen. Denn wenn auch der Ausdruck $εὐδοκίμησε$ als eine Verhüllung des persönlichen Urteils aufgefasst werden könnte, so offenbart dafür die Wahl des Ausdruckes $καιρίῳ$ um so deutlicher dieses Urteil. Damit ist ja ohne Zweifel eine beifällige Kritik geübt, ein anerkennendes persönliches Urteil ausgesprochen; und wer anders soll ein solches an dieser Stelle fällen können als der Schriftsteller, als Xenophon selbst?

Und gerade die dritte Stelle[2]) scheint in ihrer Form: „Der Gedanke schien rühmlich zu sein" nicht das Bestreben zu offenbaren, das persönliche Urteil zu unterdrücken. Im Gegenteil ist damit eine gewisse abfällige Kritik der Handlungsweise des Agesilaus verbunden, die mit diesen Worten gemildert werden soll; denn Xenophon wollte seinen Freund nicht der Gefahr aussetzen, dass er wegen seines Rückzuges etwa als Feigling angesehen werde. Und der in jenen Worten enthaltene scheinbare Widerspruch zeigt uns daher, dass wir des Xenophon eigenes persönlichstes Urteil über Agesilaus und sein Thun vor uns haben.

---
1) Hell. Gesch. IV. 5. 4. 2) Hell. Gesch. V. 4. 51.

Nimmermehr also lässt sich mit diesen drei Beispielen beweisen, dass Xenophon eine wunderlich umständliche Form gewählt habe, um seine Person bei der Darstellung des Agesilaus aus dem Spiele zu bringen, und dass diese Charakterisierung des Agesilaus das Eingeständnis enthalte, dass sich der Schriftsteller sorgfältig vor einer Uebertretung der Thukydideischen Gesetze gehütet habe!

Die sonstige Darstellung des Agesilaus in Xenophons griechischer Geschichte ist gleichfalls derart, dass sie auf eine gewisse Selbstständigkeit des Xenophon schliessen lässt.

Gerade an den Stellen, an denen uns Xenophon einen Blick in des Agesilaus Charakter thun lassen will, finden wir die bezeichnende Erscheinung, dass Xenophon den Gang des historischen Berichtes unterbricht und zu dem ihm so vertrauten Mittel des Dialoges greift. Und zwar thut er das gerade bei der Person des Agesilaus so häufig, dass von den sechs Dialogen des dritten Buches vier, von denen des vierten Buches aber alle auf die Person des Agesilaus fallen. Diese Art Charaktere zu schildern, hat aber mit der des Thukydides auch nicht die mindeste Aehnlichkeit.

Es sind ja im allgemeinen recht knappe Gespräche, die uns berichtet werden; und Bruns hat Recht, wenn er von diesen wie von den bei ihm[1]) zusammengestellten zahlreichen charakterisierenden Aeusserungen des Xenophon über Agesilaus sagt, dass man dabei „über das Einzelne hinwegliest, während die Wirkung des Ganzen bleibt." Das aber ist vielleicht gerade die dem Xenophon eigentümliche Art den Charakter seines Helden Agesilaus darzustellen und beweist somit die Selbstständigkeit des Schriftstellers. Denn einen zwingenden Grund dafür vermag Verfasser nicht zu finden, wenn Bruns sagt, diese kurzen Bemerkungen seien „eingeschmuggelt"[2]), und mit den Dialogen verhalte es sich ebenso. Denn der Begriff des „einschmuggelns" enthält immer das Geständnis des bewussten Unrechtes, das ja in diesem Falle nach Bruns nichts anderes sein kann als ein Abweichen des Xenophon von dem Stilgesetzen eines Thukydides. Aber

---

1) A. 41. 2) A. 41 f.

Bruns gibt dabei selber zu[1]), dass niemand leugnen kann, dass der Gedanke der Thukydideischen Gesetze aufgegeben sei, und dass der Geschichtsschreiber, der eine Person so darstellt wie Xenophon den Agesilaus, diese Person nicht mehr als Träger geschichtlicher Vorgänge, sondern als Selbstzweck der Darstellung auffasse.

Es dürfte daher nicht ganz unbedenklich erscheinen, selbst im Hinblick auf diejenigen Stellen der griechischen Geschichte, welche Bruns „Situationsbilder"[2]) nennt, zu behaupten, dass sie zur Genüge den Beweis erbrächten „wie viele Hinterthüren Xenophon sich zu öffnen wusste, um das prinzipiell verbannte persönliche Kolorit doch anzubringen"[3]).

Das Gesamturteil über die Xenophonteische Darstellung des Agesilaus und der Einzelpersonen der Griechischen Geschichte überhaupt bleibt bei Bruns: Dass „die Art, wie Xenophon den Agesilaus behandelt hat, so charakteristisch sei für seine Abhängigkeit von Thukydides und das unwillkürliche Bestreben sich ihr zu entziehen, dass er (Bruns) über das sonstige Personal der Hellenika sich kürzer fassen könne"[4]).

Mit diesen Worten ist aber ein Urteil ausgesprochen, dass den Xenophon als Schriftsteller eigentlich verächtlich werden lässt. Denn ein Mann, der seine eigene schriftstellerische Eigenart besitzt, sich derselben auch völlig bewusst ist und sie trotzdem einem anderen Geschichtsschreiber zu Liebe gewaltsam unterdrückt, verdient nicht mehr den Namen eines selbstständigen Schriftstellers. Und Bruns nennt ihn ja auch einen „äusserlichen Nachahmer." Das aber geht für Xenophon entschieden zu weit.

Und selbst wenn es für Agesilaus Geltung gehabt hätte, was Bruns als Gesetz aufstellt, dass Xenophon sich nach Thukydideischen Gesetzen gerichtet habe, dass er sich seines Urteils enthalten, persönliche Mitteilungen über seine Helden unterlassen habe, so beweisen die übrigen in der Hellenika vorkommenden Charakterschilderungen zur Genüge, dass Xenophon wohl eine gewisse Selbstständigkeit besitzt, dass

---

1) A. 42. 2) A. 42. 3) A. 43. 4) A. 43.

er gelegentlich sein Urteil allerdings frei und offen ausspricht! Das aber giebt Bruns auffallenderweise ohne Widerrede zu ¹).

Trotzdem aber nennt Bruns den Xenophon einen bewussten Nachahmer des Thukydides und zieht aus der Darstellung der griechischen Geschichte den ausserordentlich wichtigen Rückschluss, dass „Xenophon für die Richtigkeit der Thukydideischen Gesetze dadurch ein klassischer Zeuge sei, dass er sie nachweisbar befolgt habe" ²).

Aber man lese nur Stellen, wie die, wo Polydamus ³) bei seinem Auftreten vor den Lakedämonischen Behörden charakterisiert wird, oder die Urteile über Iphikrates und Epaminondas ⁴), oder die „malitiöse" ⁵) Bemerkung über Kallias ⁶) und andere mehr ⁷), und man wird nicht mehr behaupten wollen, dass Xenophon sich prinzipiell seines persönlichen Urteils über die Einzelpersonen der Hellenika enthalten habe. Obwohl Bruns diese zahlreichen beweiskräftigen Stellen selber anführt, kann er es doch zum Schluss nicht unterlassen, alle diese Aeusserungen als gegen die „sonstige Reserve" ⁸) des Schriftstellers verstossend zu bezeichnen.

Ein völlig anderer ist Xenophon in der Schrift, die nach seiner eigenen Aeusserung ⁹) den Zweck hatte, den Verdiensten des Agesilaus ein würdiges Denkmal zu setzen. Von vornherein ¹⁰) kündigt sich dieses Buch als Lobschrift (ἔπαινος) an und zum Schluss ¹¹) sagt es selbst, dass es, obwohl dem Andenken eines verstorbenen Helden gewidmet, doch kein Klagelied, sondern ein Loblied sein will.

Dass Xenophon seinem mehrjährigen Vertrauten und verstorbenen Freund eine besondere Lobschrift widmete, kann nicht besonders Wunder nehmen. Es ist ihm dabei natürlich nicht darum zu thun gewesen, eine streng geschichtliche Lebensbeschreibung zu geben; sondern er be-

---

1) A. 43 f. 2) A. 35. 3) Griech. Gsch. VI. 1. 4) VII. 5, 8 ff.;
IV. 5, 19; VI. 2, 37; VI. 5, 51. 5) A. 41. 6) VI. 3, 3. 7) A 43 f.
8) A. 44. 9) Ages. 1. 1. 10) Ages. 1. 1. 11) Ages. X. 3.

richtet nur, was er für brauchbar hält, um ein „Musterbild eines echten Königs und Feldherren" geben zu können. Er musste als Lobredner auswählen, was geeignet war, für den Gegenstand seiner Darstellung Bewunderung zu wecken und das Interesse für ihn zu erregen. Daraus folgt aber, dass er das Lobenswerte so hervortreten lassen muss, dass alles Tadelnswerte und Fehlerhafte zurücktritt.

Deshalb darf man sich auch nicht wundern, dass ebenso wie in der griechischen Geschichte manches sich findet, was in der Lobschrift nicht zugelassen werden konnte, auch im Agesilaus nicht weniges, was Xenophon für das Geschichtswerk als nicht passend erachtete, ohne Zaudern erzählt wird.

Diese persönliche Anteilnahme des Schriftstellers an der dargestellten Person findet ihren Ausdruck nicht zum mindesten in der Form der Darstellung.

Die sprachliche Form unterscheidet sich von den übrigen Schriften Xenophons durch die häufige Anwendung, ja Häufung rhetorischer Fragen und sentenziöser Redensarten[1]). Aber man kann daraus dem Xenophon keinen Vorwurf machen, sondern muss bedenken, dass eine Lobschrift eben eine andere Sprache verlangt als ein geschichtliches Werk. Denn die Lobschrift gehört der rednerischen Gattung der Litteratur an; und so mussten, auch wenn die Rede nicht gehalten wurde, doch die Worte nach Art eines Redners gewählt und gesetzt werden. Daraus erklärt sich der vollere Klang der Worte und der in der Lobrede auf Agesilaus hie und da bemerkenswerte Schwung.

Man kann die vorliegende Rede in zwei Hauptteile und eine zusammenfassende Nachschrift einteilen. Xenophon geht aus von einem historischen Bericht. Dieser Bericht lehnt sich in auffallender Weise an die dasselbe behandelnden Kapitel der griechischen Geschichte an; aber man kann nicht behaupten, dass Xenophon einfach die betreffenden Kapitel herübergenommen habe; denn sie sind nicht wörtlich übereinstimmend, sondern so behandelt, dass das, was

---

1) Ages. VII. 2; X. 3; XI. 15.

der Natur der Lobschrift gemäss zu ändern war, auch geändert wurde, und, wie schon gesagt, ist ja auch je nach Bedürfnis vermehrt oder verkürzt worden.

Dieser historische Bericht enthält des Agesilaus Thaten, die „vor aller Augen ausgeführt keiner Beweise bedürfen"[1]). Daran anschliessend beginnt Xenophon die Charakterschilderung mit der Gottesfurcht des Spartanerkönigs[2]); und der sokratischen Einteilung der Tugend folgend handelt er von der Uneigennützigkeit[3]) und Gerechtigkeit, der Mässigkeit[4]) und der Tapferkeit[5]). Und da für einen Lakedämonier Tapferkeit nicht ohne Vaterlandsliebe[6]) sein kann, so erfahren wir sofort, wie Agesilaus als mächtiger König und Herr sich allen Gesetzen seines Vaterlandes unterworfen und aus Liebe zu ihm seine Bürger angeleitet hat nur das Rechte zu thun und das, was dem Vaterlande nützen kann.

Nach Aufzählung dieser Tugenden, die notwendig sind, um $καλὸς κ'ἀγαθός$ zu werden, werden die genannt, welche für einen so mächtigen König ganz besonders ehrenvoll sind. Deshalb erfahren wir, dass Agesilaus auch begabt war mit Bescheidenheit, Dienstwilligkeit, Heiterkeit, Nachsicht, Treue, Geringschätzung des Reichtums und anderen Eigenschaften mehr[7]). Für jede einzelne dieser guten Eigenschaften aber giebt Xenophon Thatsachen als Beweise. Andererseits aber, um sie besonders ans Licht zu stellen und besonders um zu zeigen, wie sehr der König von allem äusserlichen Prunk entfernt gewesen, stellt Xenophon einen Vergleich an zwischen Agesilaus und dem Perserkönig, der natürlich zu Gunsten des Ersteren ausfällt.

Aller dieser schönen Eigenschaften wegen empfiehlt der Schriftsteller den Agesilaus zum Schluss allen, die rechte Männer werden wollen, als Muster.

So ist also die Lobrede richtig zu Ende geführt, und im Schlusskapitel kommt Xenophon noch einmal in kurzen Umrissen auf alle Tugenden des Mannes zurück, damit sein Lob sich leichter im Gedächtnisse erhalte[8]).

---

1) Ages. III. 1. 2) III. 2. 3) IV. 4) V. 5) VI. 6) VII.
7) Ages. VIII. 8) Ages. XI. 1.

Das Charakterbild, das wir aus diesem letzten Kapitel erhalten, enthält nur noch einmal die Bestätigung dessen, was wir aus dem Hauptteil der Schrift von Agesilaus wissen. Während jedoch im vorausgehenden Teil das Vorhandensein jeder einzelnen Eigenschaft bewiesen wird durch Erzählung von Handlungen oder Worten des Agesilaus, giebt Xenophon im Schlusskapitel eine Aufzählung der Charaktereigenschaften und erklärt sie als entspringend aus Gedanken, Gewohnheiten oder der Ueberlegung des Agesilaus. Und während Xenophon im Hauptteil niemals seine eigene persönliche Ansicht auszusprechen vermeidet, lässt er sie in diesem Schluss zurücktreten und kommt erst gegen Ende hin mit den Worten: „Mir scheint er der einzige Mensch zu sein" u. s. w.[1]) auf seine eigene Meinung über Agesilaus zurück, indem er in einer Häufung rhetorischer Fragen das Lob des Jünglings, Mannes und Greises Agesilaus noch einmal zusammenfasst.

Der Grundsatz, welcher Xenophon bei dieser Lobschrift leitete, ist nun derart gewesen, dass er nicht nur ein blosses rückhaltloses Lob des Agesilaus aussprechen, sondern ein der historischen Wahrheit möglichst nahekommendes Bild geben wollte. Xenophon ist sich ja vollkommen bewusst, dass jede Uebertreibung oder Entstellung bei der Darstellung des Agesilaus nicht nur dem Andenken des Fürsten, sondern auch seinem eigenen Ruf als Schriftsteller geschadet haben würde[2]). Wie Xenophon sich bei der Darstellung des Agesilaus in der griechischen Geschichte seines persönlichen Urteils nicht enthalten hat, so hat er es in der Lobschrift ebensowenig gethan. Und wenn Bruns[3]) dem Xenophon gewissermassen es zum Vorwurf macht, dass er in der Lobschrift trotz seiner Eigenschaft als Historiker jeden Versuch zu einer Würdigung seines Helden nach seinen Erfolgen oder aus den bleibenden Spuren, die er der Geschichte aufgeprägt habe, vermissen lässt, so hält Verfasser diesen Vorwurf für unberechtigt. Denn, abgesehen davon, dass so kurz nach dem Tode des Mannes eine Würdigung seiner

---

1) XI. 14. 2) Ages. II. 7; V. 7. 3) A. 136.

politischen Leistungen gar nicht möglich war, würde eine
Erörterung der universalhistorischen Bedeutung des Spartanerkönigs aus dem Rahmen einer Lobschrift herausgetreten sein, und ausserdem war, wie schon betont, Xenophon gar nicht der Mann, derartige Schlüsse zu ziehen;
sondern ihn interessiert der Mann als solcher, nicht sein
Einfluss auf die historische Entwicklung.

Auch dieser Lobschrift auf Agesilaus spricht Bruns[1])
den Anspruch auf Originalität, sowie Selbstständigkeit in
der Auffassung und Behandlung des Stoffes ab. Er behauptet, dass diese Lobschrift im engen Anschluss an den
„Euagoras" des Isokrates gearbeitet sei. Diesem Urteil
gegenüber muss es mindestens auffallen, dass ein anderer
Gelehrter[2]) sagt: „Isokrates unterscheidet sich von Xenophon so, dass eine Zusammenstellung beider als gewagt erscheinen könnte"

Der Euagoras des Isokrates ist, wie Bruns[3])
völlig richtig bemerkt, eine Arbeit, durch welche in „kritikloser Weise der hochselige Potentat eines kleinen, halbbarbarischen Fürstentums vergöttert wird".

Nicht wegen ihres Inhaltes jedoch will Bruns diese
Schrift in Verbindung mit Xenophons „Agesilaus" behandelt
wissen. Er nimmt an, dass der Euagoras an zwei Adressen
gerichtet ist, einmal an den Herrn von Cypros, ein andermal an das gebildete Publikum Athens.

Der Teil, welcher für den Herrn von Cypros bestimmt
sei, enthalte das Lob des Königs, während der für Athen
bestimmte Teil „für die Behandlung des Individuums in der
Literatur wirklich neue Bahnen eröffnet habe"[4]). Ja, Bruns
geht soweit anzunehmen, dass im Hinblick auf diese beiden
Adressen sich feststellen lasse, dass die Schrift, soweit sie
für Cypern bestimmt sei, würdelos und langweilig, soweit
für Athen dagegen interessant gestaltet sei[5])!

Dieser letztere für Athen bestimmte Teil enthält die

---

1) A. 126 ff.   2) Heinrich Kämmel in Schmid, Enzyklopädie
des gesamten Unterrichts und Erziehungswesens, Band X. 3. A. 116.
4) A. 120.   5) A. 116—120.

Ursachen, um derentwillen Bruns die Lobschrift betrachtet und behandelt wissen will. Es sei nämlich im Euagoras des Isokrates eine bewusste Opposition gegen die damalige Prosalitteratur enthalten[1]). Diese Behauptung stützt Bruns auf eine Aeusserung, die Isokrates zu Beginn seiner Lobrede gethan hat[2]): „Es hätten auch die anderen die, welche zu ihren Zeiten als brave Männer gelebt haben, loben sollen, damit die, welche die Thaten der anderen verherrlichen können, der Wahrheit über sie treu blieben, da sie ja vor Leuten sprechen, denen jene bekannt sind, und ferner damit die Jüngeren desto mehr um die Tugend wetteifern, weil sie wissen, dass sie mehr als diejenigen werden gepriesen werden, welche sie übertreffen".

Gemäss dieser Aeusserung vermisst (nach Bruns) Isokrates „abgeschlossene prosaische Schriften, in denen ein Menschenleben planmässig in der Absicht, es zu verherrlichen, besprochen wurde"[3]).

Obwohl nun Thukydides dergleichen Absichten bei seinem Geschichtswerk absolut nicht hatte, noch haben konnte, schliesst Bruns doch aus der oben angeführten Aeusserung des Isokrates in Verbindung mit den Worten: „Ich weiss nun zwar, dass es schwer ist, was ich zu thun beabsichtige, eines Mannes Tugend in Prosa ($\delta\iota\grave{\alpha}\ \lambda\acute{o}\gamma\omega\nu$) zu loben"[4]) auf eine „versteckte Polemik" gegen „die Geschichtsschreibung d. h. gegen Thukydides[5]), und zwar gegen dessen Prinzip, sich im Tadeln wie im Loben einer völligen persönlichen Enthaltung zu befleissigen" d. h. gegen die bekannten angeblichen Stilgesetze! Ganz abgesehen davon nun, dass eine derartige prinzipielle Enthaltung bei Thukydides ebensowenig mit völliger Sicherheit nachzuweisen ist, wie man ihm „vornehme Geringschätzung, mit welcher er die Mehrzahl der handelnden Männer ignoriert"[6]) habe, vorwerfen kann, hat denn doch der Euagoras des Isokrates inhaltlich und formell viel zu wenig Aehnlichkeit mit dem Geschichtswerk eines Thukydides, als dass diese Lobschrift mit Erfolg eine lit-

---

1) A. 119. 2) Isokr. Euag. 2. 3) A. 118. 4) Isokr. Euag. 3.
5) A. 119. 6) A. 119.

terarische Opposition gegen Thukydides hätte hervorrufen können, zumal ja auch der historische Wert der Lobschrift, als „bezahlter Arbeit"[1]) gering anzuschlagen ist, und das um so mehr, wenn es wirklich wahr ist, dass Isokrates „hier, wie sonst, seine unklare Weise, die Philosophie und ungebundene Rede in eins zusammenwirft"[2]), offenbart hat.

Weiter auf den Euagoras des Isokrates einzugehen ist an dieser Stelle nicht notwendig; denn wir haben uns mit ihm nur soweit zu beschäftigen, als wir ihn in Bezug auf die Behauptung von Bruns[3]) bedürfen, nach welcher „es sich eigentümlich trifft, dass wir die Wirkung der Schrift des Isokrates an eben dem Manne verfolgen können, den wir in seiner Hellenika ganz unter thukydideischem Einfluss sahen, an Xenophon."

In diesen Worten von Bruns thut sich eine ausserordentliche Geringschätzung Xenophons als Schriftsteller kund. Denn Bruns traut den Xenophon zu, dass er, der es in der Hellenika nicht „gewagt"[4]) habe, die Gesetze des Thukydides zu verletzen, nun plötzlich, noch dazu in seinen alten Tagen, mit der Lobschrift auf Agesilaus ins Lager der gegen Thukydides opponierenden Schriftsteller übergegangen sei und auch da wieder „im engen Anschluss"[5]) gearbeitet habe.

Und wenn man den Euagoras und Agesilaus vergleicht, so muss man doch erkennen, dass dem Xenophon eine derartige gedankenlose Lobhudelei und Vergötterung, wie sie Isokrates beliebt, völlig fern liegt, und man könnte beinahe zu dem Standpunkt kommen, den Dümmler, freilich im vollen Gegensatz zu Bruns, vertritt[6]).

Dümmler nimmt eine gewisse Opposition des Xenophon gegen Isokrates an; er glaubt, dass Xenophon den Isokrates nicht im Auge gehabt habe und wundert sich daher auch nicht darüber, dass Xenophon mit Isokrates technisch nur wenig Berührungen zeigt. Da aber, wo er inhaltlich Be-

---

1) A. 116.   2) A. 117.   3) A. 126.   4) A. 43.   5) A. 126.
6) F. Dümmler: Zu Xenophons Agesilaus im Philologus (7. B.) u. F. Bd. VIII. S. 577 ff.

rührungen zugiebt, hält er sie eher sogar für feindlicher als freundschaftlicher Natur; ja er findet bei Xenophon eine gewisse Gereiztheit gegen Isokrates, aus der er das Verschmähen der Isokrateischen Manier durch Xenophon aus mehr als einem Grunde begreiflich findet[1]). Aus diesen Gründen nennt Dümmler die Lobschrift auf Agesilaus eine recht achtungswerte, selbstständige Leistung des Xenophon.

Und Verfasser glaubt sich diesem Urteil anschliessen zu müssen. Denn, mag man auch zugeben, dass sich Uebereinstimmungen zwischen Agesilaus und Euagoras finden lassen, so können wir bei der sonst bewiesenen Selbstständigkeit und Eigenart dem Xenophon schon zutrauen, dass er wohl im stande war diese Form und Anlage selbst zu finden.

Bruns hält ja eigentlich auch nur ein einziges Kapitel (XI) für beweiskräftig dafür, dass Xenophon sich an Isokrates angelehnt habe, während er die übrigen Teile der Schrift, wenigstens was den Inhalt anbetrifft, geradezu in Gegensatz zum Euagoras stellt[2]). Und man kann doch kaum von engem Anschluss und von Abhängigkeit reden bei zwei Schriftstellern, von denen der eine „völligen Mangel an Inhalt mit den hohlsten Phrasen ersetzt"[3]), während bei dem andern „alles Leben, alles aus der Anschauung geschöpft" ist und wenn zugegeben werden muss, dass bei dem Hauptteil, (der nebenbei gesagt beinahe zwei Drittel der ganzen Schrift umfasst) die Erinnerung an das isokrateische Modell stark in Vergessenheit geraden ist[4]).

Und dass sich zwischen Euagoras und Agesilaus formale Aehnlichkeiten z. B. im Gebrauch von Antithesen finden lassen, erklärt sich bei Xenophon eben aus dem schon erwähnten Bestreben die Lobrede auch mit oratorischem Schmuck zu versehen, ist aber durchaus kein Beweis dafür, dass wir einen bewussten Anschluss an Isokrates vor uns haben!

Auch das dritte geschichtliche Werk des Xenophon, die Anabasis, zeigt in seiner Darstellung der Persön-

---

1) Dümmler a. a. O. S. 580. 2) A. 128. 3) A. 127. 4) A. 132.

lichkeit mit den beiden anderen Geschichtswerken desselben Verfassers eine gewisse Aehnlichkeit; denn genau wie Agesilaus stand auch Cyrus der Jüngere, der Held der Anabasis dem Xenophon freundschaftlich nahe; und der Schriftsteller hat ihm in diesem Werk ein Denkmal seiner Dankbarkeit setzen wollen.

Wohl ist der eigentliche Zweck dieses Buches, wie jeder historischen Darstellung, im grossen ganzen ein anderer als der, Charakterschilderungen zu geben. Wir finden deshalb in diesem Werk ebensowenig wie in der Hellenika den Versuch die Charakterschilderungen in die Erzählung der Ereignisse zu verlegen. Während jedoch in der Hellenika das Urteil des Schriftstellers über die Personen meist nur mit kurzen Worten zu Tage tritt, finden wir in der Anabasis die Schilderung der Persönlichkeiten in der Form ausführlicher „Biographien" eingeschaltet.

Mitten im Bericht über die Schlacht bei Kunaxa[1]) befindet sich die Schilderung der Person des Cyrus[2]). Eine gewisse Gesetzmässigkeit lässt sich nun in der Anabasis in Bezug auf die Charakterdarstellung nicht verkennen; denn hier wie bei den Schilderungen des Klearch, Proxenos und Menon[3]) sind die Stellen der Darstellung von Xenophon augenscheinlich mit Absicht gewählt; denn alle vier Darstellungen folgen dem Bericht vom Tode des betreffenden Helden.

Im allgemeinen sind in der Anabasis, wie auch Bruns[4]) und Osberger[5]) aussprechen, vier in sich abgeschlossene Charakterschilderungen zu erkennen. Alle vier sind der Betrachtung gleich wert.

Freilich kommen neben diesen vier Persönlichkeiten noch eine ganze Zahl anderer Männer zur Sprache; aber sie alle hat Xenophon so wenig beachtet, dass wir für unsere Zwecke auf sie verzichten können.

Auffallenderweise unterscheiden sich die erwähnten vier Darstellungen von einander ganz ausserordentlich.

---

1) Anab. I. 8 und 10. 2) Anab. I. 9. 3) Anab. II. 6. 4) A. S. 138. 5) Osberger: Bemerkungen zu Xenophons Anabasis S. 43.

Von Cyrus erhalten wir ein Bild, das Xenophon seinem persönlichen Empfinden folgend stark idealisiert hat. Wollte er doch den Nachweis führen, dass Cyrus unter allen Persern seit den Zeiten des älteren Cyrus am meisten für den Thron befähigt gewesen sei [1]). Deswegen erfahren wir ausschliesslich Vorzüge, aber keine Fehler dieses Mannes. Bei den drei anderen Helden, Klearch, Proxenos und Menon, nimmt er keine Rücksicht und zeichnet sie daher mit allen Schwächen, ja mit allen ihren Lastern.

Bruns [2]) dürfte vielleicht, wenn auch nicht völlig, Recht haben, wenn er behauptet, der Grund dieser verschiedenartigen Darstellung beruhe darauf, dass sich Xenophon den drei hellenischen Feldherren an Bildung und Stellung näher gefühlt und sie deshalb zu übersehen geglaubt habe, während er in Cyrus einen Mann sah, der einer ihm „fremden und wunderbaren Welt" angehörte.

Darnach liesse sich zur Not die Schilderung der drei Feldherrn erklären; aber Xenophon hat andererseits so umfassende Kenntnis der orientalischen Welt offenbart, dass man die Welt des Cyrus als etwas ihm fremdes und wunderbares nicht bezeichnen kann.

Unhaltbar auf jeden Fall ist es, wenn Bruns [3]) in spottender Weise den Xenophon als „abenteuernden Landsknecht bezeichnet, dessen Horizont über seinen Generalissimus nicht hinausgeht", oder wenn er von ihm glaubt, dass er in knechtischer Unterwürfigkeit von Hochgefühl erfüllt worden sei, wenn sich sein Herr in Gnaden herabliess, ihm „ein Fässchen zu dedizieren oder einen guten Braten." Und nicht anders verhält es sich, wenn Bruns [4]) es als Quintessenz der ganzen Charakteristik des Cyrus auffasst, dass Xenophon ihn nur als einen Mann habe schildern wollen, bei dem ein jeder seine Rechnung habe finden können, wobei Xenophon sogar der „dazwischenliegenden Jahre" ganz vergessen habe.

Wenigstens nicht voll berechtigt erscheint es dem Verfasser auch, wenn Bruns von solchen Gesichtspunkten aus

---

1) Anab. I. 9, 1.   2) A. S. 143.   3) A. S. 144.   4) A. S. 144.

die Charakterschilderung des Cyrus durch Xenophon beurteilt; denn Verfasser glaubt nirgends bei Xenophon einen Anhalt dafür gefunden zu haben, dass er habgierig, genusssüchtig oder ein Leckermaul gewesen sei, zumal bei Bruns die Angabe beweiskräftiger Stellen dafür fehlt.

Die Form der Schilderung ist eine andere, als wir sie bisher bei Xenophon kennen gelernt haben. Wir erhalten eine Darstellung, die das persönliche Urteil des Schriftstellers über Cyrus enthält, und zwar ist diese Schilderung losgelöst vom Gang der Ereignisse. Aus dem eigentlichen geschichtlichen Bericht erfahren wir nur sehr wenig.

Da erscheint Cyrus als etwas unsicher in seinen Handlungen; denn er verschweigt seine Absichten, ist verlegen und besorgt, als ihm die Hellenen die weitere Heeresfolge verweigern[1]; er freut sich über den Eindruck, den die Griechen auf die Barbaren machen[2]. Dann erscheint er, im Gegensatz zu einer Aeusserung des Klearch über ihn[3], als grossmütig gegen seine Feinde[4] und sodann als strenger Richter[5]; ebenso hält er aber auch sein einmal gegebenes Versprechen[6].

Alles das sind Bemerkungen, aus denen wir ein deutliches Bild des Charakters nicht gewinnen können. Deshalb unterbricht Xenophon seinen Bericht und giebt uns eine eingehende Charakterschilderung des Cyrus[7], die „man sogar als λόγος ἐπιτάφιος oder ἐγκώμιον ansehen kann"[8].

Darauf deutet auch der Ort hin, an dem sie in der Anabasis steht, und ebenso die einleitenden Worte: Κῦρος μὲν οὖν οὕτως ἐτελεύτησεν; und nach diesem Anfang giebt uns Xenophon einen Lebensabriss des Cyrus von der Wiege bis zum Grabe, der uns den Cyrus darstellt als einen Mann ohne Fehl.

Als Knabe schon zeichnete sich Cyrus aus durch Klugheit, Bescheidenheit und schamhaftes Wesen[9], und diese ihm anerzogenen Eigenschaften befähigten ihn gehorsam zu

---

1) Anab. I. 3, 8. 2) I. 2, 18. 3) I. 3, 13. 4) I. 4, 8.
5) I. 6, 6. 6) I. 7, 18. 7) I. 9. 8) Callinko: Bemerkungen zum I. Buch der Anabasis von G. Osberger; beurteilt in der Deutsch. Litteraturzeitung 1897 Nr. 25. 9) I. 9, 5.

sein, aber auch zu befehlen[1]). Mit solcher Gesinnung verband er zugleich körperliche Geschicklichkeit als Reiter und Schütze[2]) und war ein kühner Jäger[3]). Erwachsen offenbart er in erster Linie grosses Geschick in der Verwaltung der Provinzen[4]) und brachte es dahin, dass ihm die Völker Vertrauen entgegenbrachten[5]) und ihm unbedingt gehorchten[6]). War doch jedermann sicher, einen Dienst belohnt zu erhalten[7]), und konnte sich jeder auf des Cyrus Gerechtigkeit als Richter verlassen[8]). Darum kamen aus allen Ländern Soldaten und Offiziere an seinen Hof[9]), die er an sich zu fesseln verstand und die ihm seine Treue durch unverbrüchliches Ausharren und die Nachfolge bis in den Tod[10]) lohnten.

Aber nicht allein in selbstständigem Lobe ergeht sich Xenophon; sondern er weiss auch bei der Schilderung von Vorgängen, für welche dem Cyrus von anderen Seiten aus glaubhafte Vorwürfe gemacht werden, seinen Gönner stets zu entschuldigen.

Denn glaubhaft ist es doch wohl, dass Cyrus schon vor seines Vaters Tode sich auf den Thron Hoffnung gemacht hat. Und dass eine Partei am persischen Hofe war, die, geleitet durch die Königin Mutter, ihn unterstützte, erzählt Xenophon ja selbst[11]). Auch selber berichtet er, wenn auch an anderer Stelle[12]), dass Cyrus königliche Ehren für sich verlangte. Trotzdem erscheint Cyrus zu Anfang der Anabasis als unschuldiges Opfer der Verleumdung des Tissaphernes[13]).

Das Mittel, das Xenophon verwendet, seinen Helden ohne Fehl darzustellen, ist sehr einfach. Er verschweigt, ähnlich wie bei Agesilaus, Thatsachen, die ein schlechtes Licht auf den Charakter werfen würden, ohne allerdings direkt wahrheitswidrige Angaben zu machen; und damit dokumentiert Xenophon, dass er bei der Darstellung subjektiv ist.

---

1) Anab. I. 9, 4. 2) I. 9, 5. 3) I. 9, 6. 4) I. 9, 7 f. 5) I. 9, 7 ff.
6) I. 9, 12. 7) I. 9, 12 ff. 8) I. 9, 13. 9) I. 9, 12 u. 15 ff.
10) I. 9. 31. 11) I. 1, 4. 12) Hellen. II. 1, 8. 13) Anab. I. 1, 3.

Wenn er einerseits schweigend die Wahrheit trübt, so beweist er andererseits seine sonstigen Behauptungen durch Erzählung von Thatsachen, die, seien sie auch noch so unbedeutend[1]), uns doch über irgend eine Charaktereigenschaft des Cyrus aufklären.

Ganz anders ist die Darstellung des Klearch, Proxenus und Menon[2]). Zwar ist die Form dieselbe, wie bei Cyrus; denn auch hier haben wir gleichsam Grabreden vor uns; aber, wie schon gesagt, beschränkt sich Xenophon bei diesen drei Feldherren nicht nur auf Lob, sondern weiss auch sehr scharf zu tadeln.

Klearch nennt er ja direkt meineidig; und die Strafe, die ihn dafür erreicht, hält der Schriftsteller für gerecht und verdient[3]).

Im übrigen erklärt Xenophon den Klearch „nach dem einstimmigen Urteil aller, die ihn kannten"[4]), für einen erfahrenen Kriegsmann. Diese Berufung auf das Urteil anderer Leute hat aber gewiss nicht den Zweck das eigene Urteil dahinter zu verstecken. Vielmehr soll mit dieser Berufung die persönliche Ansicht des Schriftstellers nur belegt werden, damit die Wahrheit um so weniger angezweifelt werden kann.

Von seiner vaterländischen Regierung zum Tode verurteilt[5]), kämpfte Klearch, nachdem ihm Cyrus eine bedeutende Geldsumme geschenkt hatte[6]), auf eigene Faust, bis ihn endlich Cyrus brauchen kann. Durch diese Darstellung, sowie durch die weiteren Erzählungen, wie Klearch mit seinen Soldaten umging und wie diese ihm begeistert anhingen, andererseits aber mehr fürchteten als liebten[7]), beweist uns Xenophon seine Behauptung von des Klearch Liebe zu Kampf und Streit. Und aus dieser einer Leidenschaft erklärt sich der ganze Charakter des Mannes.

Genau wie die Charakterdarstellung des Klearch gehen auch die Darstellungen des Proxenus und Menon von Grund-

---

1) Anab. I. 9, 26.   2) II. 6.   3) II. 5. 41.   4) II. 6, 1.
5) II. 6, 1.   6) I., 6. 1.   7) I. 6, 10; II. 6, 7; II. 6, 8; II. 6. 9; II. 6, 12; II. 6, 11.

eigenschaften der betreffenden Männer aus. War es bei Klearch Liebe zu Kampf und Streit, die ihn leitete und alle seine Handlungen beeinflusste, so war es bei Proxenos der Ehrgeiz [1]), bei Menon die Habsucht [2]), Eigenschaften, die nach Xenophons Meinung für das ganze Thun und Treiben dieser beiden Männer ausschlaggebend geworden sind. Unter solchen Voraussetzungen sind daher die Charaktere zu beurteilen.

Proxenos erscheint als ein schwacher, aber redlicher Charakter, der sich Ehre und Vermögen nur durch rechtliches Handeln [3]) erwerben will und deshalb wohl über gute und brave Soldaten [4]), nicht aber über solche zu befehlen verstand, die ihren Feldherrn fürchten müssen. Er hat auch nicht erreicht, was er erstrebte, sondern starb in der Blüte der Jahre [5]).

Wir dürfen wohl behaupten, dass Xenophon auch bei Proxenos, mit dem er befreundet war, idealisiert hat; denn, wenn er von ihm auch gewisse Fehler berichtet, so entspringen die doch gerade aus einem so edlen Charakterzuge, aus der brennenden Begier alle vorgesteckten Ziele nur auf dem Wege des Guten und Schönen zu erreichen, dass die Fehler beinahe als Vorzüge erscheinen. Es war eben, da Proxenos ihm ein Freund war, des Xenophon Absicht, den Charakter so darzustellen, dass ihn der Leser immerhin achten muss. Des Menon Charakter erscheint dann daneben um so verwerflicher.

Lüge und Betrug sind dem Menon zweckdienliche Mittel, seine Habsucht zu befriedigen [6]), und Ehrlichkeit und Wahrhaftigkeit verlacht er als Dummheit [7]). Den Gehorsam seiner Soldaten erreicht er durch gemeinschaftliche schlechte Thaten [8]) und erzwingt ihn andererseits, indem er seine Macht, ihnen zu schaden, zur Geltung bringt [9]). Sein Ziel zu erreichen, gelingt ihm, aber durch so verwerfliche Mittel, dass sie Xenophon in seiner Schilderung nur anzudeuten wagt [10]). Und auch der Tod des Menon ist, wie sein ganzes

---

1) Anab. II. 6, 16. 2) II. 6, 21. 3) II. 6, 18. 4) II. 6, 19.
5) II. 6, 20. 6) II. 6, 22. 7) II. 6, 25. 8) II. 6, 27. 9) II. 6, 27.
10) II. 6, 28.

Leben schimpflich war, ein schimpflicher; denn nicht durch das Schwert fällt er, sondern zu Tode gemartert nach jahrelanger Pein [1]).

Obwohl nun Bruns dem Xenophon in der Anabasis Unabhängigkeit von den Thukydideischen Gesetzen nicht abzusprechen vermag, kann er sich doch auch bei diesem Werke nicht dazu entschliessen, Xenophon als selbstständig zu betrachten.

Denn, wenn er auch zugiebt, dass die Charakterschilderungen der Anabasis „im Gegensatz zu Thukydides die ersten historischen Porträts im eigentlichen Sinne" darstellten [2]), findet er doch darin, dass diese Porträts unmittelbar nach der Erzählung vom Tode der betreffenden Personen in den Bericht eingeschaltet werden, nicht eine zufällige Aehnlichkeit, sondern schliesst, dass diese Anordnung „ohne Zweifel" auf Thukydideischen Einfluss zurückgeführt werden müsse [3]).

Dabei hat jedoch, nach Bruns, Xenophon auch der Isokrateischen Anregungen nicht vergessen, sondern „unverkennbar" [4]) ein Muster benutzt, das Bruns im neunzehnten Kapitel des Euagoras zu finden meint und zwar in den dort von Isokrates verwendeten Antithesen.

Dass diese formale, sprachliche Aehnlichkeit zwischen den Schilderungen des Xenophon und Isokrates besteht, ist allerdings nicht zu leugnen. Aber es lässt sich darüber nichts anderes sagen, als dass aus dem Vorhandensein einer solchen sprachlichen Aehnlichkeit, die sich ja auch bei hundert anderen Schriftstellern in ähnlichen Fällen finden lässt, durchaus noch nicht mit unbedingter Sicherheit der zwingende Schluss auf eine bewusste Anlehnung, auf absichtliche Nachahmung gezogen werden kann.

Ja, auf Grund dieser Antithesen geht Bruns [5]) sogar so weit, die Charakterdarstellungen des Proxenos und Menon auch dann noch als unter Isokrateischem Einfluss stehend zu betrachten, falls der zweite Teil der Anabasis (was allerdings noch zu beweisen wäre) vor dem Jahre 373, also vor

---
1) Anab. II. 6. 29. 2) A. 137. 3) A. 141. 4) A. 138.
5) A. 142.

dem Euagoras des Isokrates geschrieben sein sollte, indem er diese Schilderungen dann für „spätere Einlagen" erklärt. Aber bewiesen ist mit dieser Behauptung die Abhängigkeit des Xenophon von Isokrates noch nicht; und auch den Schluss[1]), dass diese Abhängigkeit der Schilderung des Proxenos und Menon von Isokrateischem Muster deshalb ganz besonders hervortrete, weil „in der Nachbarschaft die selbstständigen Porträts des Klearch und Cyrus zu finden seien," kann Verfasser für sich nicht als bindend anerkennen und diese Behauptung nicht für beweiskräftig gelten lassen.

Wie Verfasser der Ansicht Dümmlers folgend den „Agesilaus" als selbstständige Leistung angesehen hat, muss er auch die Charakterschilderungen der Anabasis als selbstständig ansehen. Wenigstens lässt sich mit Sicherheit eine bewusste Nachahmung der Isokrateischen Methode aus der teilweisen formalen Aehnlichkeit nicht nachweisen.

Durch die notwendige Auseinandersetzung mit den Ansichten von Bruns hat die ganze vorstehende Darstellung den Charakter einer Art Polemik angenommen, und öfter, als ihm selber lieb ist, hat Verfasser Urteile anführen müssen, denen er nicht beipflichten zu können glaubte. Trotzdem aber hofft Verfasser auch zu positiven Resultaten gekommen zu sein und möchte als solche etwa folgende bezeichnen.

Wie alle Historiker verwendet auch Xenophon gleich Thukydides zur Darstellung der Charaktere Handlungen und Worte der zu charakterisierenden Personen und bedient sich ferner neben dem Urteile anderer auch seines eigenen Urteils.

In der Verwendung dieser Darstellungsmittel (vergl. oben) stimmt er mit Thukydides darin überein, dass sich beide bei der Erzählung von Charakteräusserungen durch persönliche Abneigung oder Zuneigung verleiten lassen Handlungen und Worte, die für die Erkenntnis des Charakters wichtig sind, wegzulassen, oder je nach ihrer persönlichen Stellungnahme zu verändern.

---

1) A. 141 f.

Beide benutzen ferner die Urteile anderer Personen, vermeiden es aber nicht, auch gelegentlich ihr eigenes persönliches Urteil über die zu charakterisierenden Personen auszusprechen.

Andererseits unterscheiden sich Xenophon und Thukydides bei ihren Charakterschilderungen in ganz wesentlichen Punkten.

Für Xenophon ist die Darstellung der Einzelpersonen Selbstzweck, für Thukydides Zweck der Geschichtsschreibung. Damit hängt es eng zusammen, dass wir bei Thukydides eigentliche „Biographien" nicht finden, während Xenophon wenigstens in der Anabasis und in der Lobschrift solche giebt.

Formal bevorzugt Xenophon zur Charakterdarstellung den Dialog, während Thukydides mit Vorliebe seine Helden längere oder kürzere Ansprachen halten lässt.

Was nun zum Schluss das Verhältnis von Isokrates und Xenophon betrifft, so liegt ihre Aehnlichkeit darin, dass beide zwar loben, ihre Verschiedenheit aber darin, dass dieses Lob bei Isokrates zur Uebertreibung und Unwahrheit geworden ist, während sich Xenophon bemüht hat, möglichst ein wahres Bild zu geben und deshalb jeder Lobhudelei und Uebertreibung sich fernzuhalten verstanden hat.

Zum Schluss erfülle ich die angenehme Pflicht, meinem hochverehrten Lehrer, Herrn Professor Dr. Pöhlmann, für die gütige Ueberweisung der Arbeit und für die freundliche Durchsicht derselben meinen ergebensten Dank auszusprechen.

Lebenslauf!

Am 20. August 1872 bin ich Erich Römpler als zweiter Sohn des Schulrats und Seminardirektors Hermann Friedrich Römpler und seiner Gemahlin Clara, geborene Caspari, zu Plauen i. V., Königreich Sachsen, geboren und am 22. September 1872 evangelisch lutherisch getauft.

Ich besuchte vier Jahre die Volksschule und sodann das Königlich sächsische humanistische Gymnasium zu Plauen i. V., das ich Ostern 1893 mit dem Zeugnis der Reife verliess.

Sodann war ich ein Semester an der Königlich sächsischen technischen Hochschule zu Dresden als Student der allgemeinen Abteilung eingeschrieben und nahm zur selben Zeit an dem Kursus zur Ausbildung von Turnlehrern der Königlich sächs. Turnlehrerbildungsanstalt teil, an der ich auch das Fachlehrerexamen im Turnen bestand.

Vom 1. Oktober 1893 bis 30. September 1894 diente ich als Einj.-Freiw. beim 4. Königl. bayr. Feld-Artillerieregiment „König" zu Augsburg und studierte dann in Leipzig und Erlangen je vier Semester Geschichte und Germanistik. Zur Zeit befinde ich mich wieder in Leipzig zur Vollendung meiner Studien.